Published by Sophene 2023

Smbat Sparapet's Chronicle was first translated
into English by Robert Bedrosian in 2005.
This edition is Volume II of II.

A searchable, digital copy of the English translation can be accessed at:

https://archive.org/details/SmbatSparapetsChronicle

www.sophenebooks.com
www.sophenearmenianlibrary.com

ISBN-13: 978-1-925937-57-2

ՍՄԲԱՏԱՅ ԱՊԱՐԱՊԵՏԻ ՏԱՐԵԳԻՐՔ

ՀԱՏՈՐ Բ.

ՏՊԱՐԱՆ
ԾՈՓՔ
Լոս Անճելըս

Smbat Sparapet's Chronicle

in two volumes of classical Armenian
with an English translation by
Robert Bedrosian

VOLUME II

SOPHENE BOOKS
Los Angeles

This translation is dedicated to the memory of my father Askanaz (Alvin) Der Bedrosian.

GLOSSARY

Amirapet ***(ամիրապետ),*** a caliph.

Aspasalar ***(ասպասալար),*** a military commander.

Catholicos ***(կաթողիկոս),*** the Patriarch of the Armenian Church.

Dahekan (*դահեկան*), a unit of mass, or a corresponding unit of currency.

Shahnshah (*շահնշահ*), an Iranian honorary title,"king of kings".

Sparapet (*սպարապետ*), the commander-in-chief of the Armenian army.

Vardapet (*վարդապետ*), a doctor of the Armenian church.

TRANSLATOR'S PREFACE

The late 13th century *Chronicle* translated below is a major source for the history of the Cilician Armenian kingdom. Roughly three-fourths of the work consists of a summary of another medieval Armenian history by Matthew of Edessa which describes the period from 951 to 1136 and its continuation by Gregory the Priest, covering 1136-1162. Since Matthew's work has survived, by far the most important part of *The Chronicle* is its original portion, devoted to the period from 1163 to 1272. For unknown reasons, our text terminates abruptly in mid sentence while describing the events of 1272.

The two 19th century publications of the classical Armenian text of the *Chronicle*—those of Yovhanne'seants'[1] and Shahnazarean[2]—are based on two fairly late manuscripts (called the Ejmiatsin texts) now at the Matenadaran in Yerevan, Armenia. In the late 1870s another much longer manuscript of the *Chronicle* was discovered, which dates from the late 13th century. This text (manuscript 1308), housed at the Library of San Lazzaro in Venice, was published by father Serope' Age"lean,[3] and is the text translated here. The Venice manuscript had been used earlier by the philologist L. Alishan in his works *Sisuan*[4] and *Hayapatum*.[5] In those works Alishan referred to this manuscript as the "Cilician Chronicle" and/or the "Royal Chronicle."

The most accessible studies of the *Chronicle* are those of Sirarpie Der Nersessian[6] and the introduction to Gérard Dédéyan's partial French translation.[7] Der Nersessian suggested that the shorter versions of the text were merely extracts of the longer Venice manuscript with some later additions. Dédéyan disputes this, pointing to detailed information absent from the Venice text which appears in the shorter editions. He also notes that the language used in the Venice manuscript is closer to conventional classical Armenian whereas the shorter editions are in a form of Middle Armenian which he considers more authentically 13th century. He suggests that the Venice text and the shorter Moscow and Paris texts all made use of a fuller version of the *Chronicle* which has not survived.

Unfortunately, some folios are missing from the beginning and end of the Venice text. Consequently, the name of the work and its author, which normally would appear at the beginning in a title and/or at the end in a colophon, are not recorded. Also missing are pages describing events occurring in the years 1023-1029, 1063-1064, 1070, and 1230-1251. Nonetheless, all publications of the Armenian text as well as all French translations prior to Dédéyan's have Smbat Sparapet (or Connétable) as the author. Smbat (1208-1276) was commander-in-chief (Arm. *sparapet*) of the Cilician Armenian army and brother of King Het'um I (1226-1269, d. 1270). As a statesman and general, he was a major participant in Cilician civil, military, and diplomatic affairs of the second half of the 13th century. An educated and literate individual, Smbat translated the *Assises of Antioch* from French into Armenian, and probably had some familiarity with Greek, Arabic, Turkish and/or Persian. He visited the Mongol court in Qaraqorum (1248) and recorded some of his observations in a short letter in French to his brother-in-law Henry I of Cyprus. Such an individual certainly was uniquely well-informed to write a chronicle of his times. However, most regrettably, the description of Smbat's trip to the Far East—which might have confirmed him as the author—is contained in one of the sections of the *Chronicle* which did not survive. It is curious that each time Smbat is mentioned in the Venice text he is referred to in the third person, though in the later Ejmiatsin texts an editor appears to have expanded these references by inserting descriptive phrases around his name, such as "I, Smbat, author of this work." The 19th century L. Alishan, perhaps for these reasons, considered the *Chronicle* to be the work of an anonymous author, a view shared by Dédéyan.

In his utilization of Matthew of Edessa, the author, whom we shall call Smbat, has eliminated most of Matthew's Scriptural references, as well as the lengthy speeches Matthew placed in the mouths of protagonists, and the focus on his native Edessa. Smbat also has included some information not found in Matthew, for example about the crusading Peter the Hermit; and at one point he refers readers to other sources—unnamed "Frankish historians"—for more detail. Smbat also rearranged and made some corrections to the information provided by Matthew's continuator, Gregory the Priest. For the original portion of his *Chronicle*, however, Smbat was relying on information obtained from within the royal family, the Armenian patriarchate, the State archives, and especially from personal involvement.

Partial French translations of the shorter Ejmiatsin texts were made by Langlois[8] and Dulaurier.[9] A partial French translation of the longer Venice text of Age"lean was made by Gérard Dédéyan.[7] Dédéyan's edition, an annotated translation of pp. 186-254 of Age"lean with several inserts from the Ejmiatsin texts, includes an extensive introduction which discusses the manuscript tradition and questions of authorship in detail and is accompanied by a bibliography, maps, and indices of persons and places mentioned in the text. Extracts from the Age"lean edition were translated into Russian by Galstyan.[10] Der Nersessian, in her article, translated into English about fifteen pages of extracts from the Age"lean edition of interest to Western historians.[6]

Age"lean's publication of the Venice manuscript is not a critical edition, but it is the best text currently available. To create a continuous text, Age"lean incorporated into his edition (in smaller type) those portions missing from the Venice text which appear in the Paris edition of 1859. We have not used smaller type for these inclusions in the present full English translation.

For the complicated history of Cilicia in this period, see Der Nersessian,[11] Boase,[12] and Bournoutian.[13] Additional bibliography is available in Toumanoff.[14] The maps and accompanying text in Hewsen[15] are also valuable. For a discussion of eastern Armenia in this period see Bedrosian.[16]

Robert Bedrosian
Long Branch, New Jersey 2005

BIBLIOGRAPHY

1. Yovhanne'seants', O. (1856). *Taregirk' Smbatay sparapeti.* Moscow.

2. Shahnazarean, K. (1859). *Taregirk' Smbatay sparapeti.* Paris.

3. Age"lean, S. (1956). *Smbatay sparapeti taregirk'.* San Lazzaro.

4. Alishan, L. (1885). *Sisuan.* San Lazzaro.

5. Alishan, L. (1901). *Hayapatum.* San Lazzaro.

6. Der Nersessian, S. (1959). The Armenian Chronicle of the Constable Smpad. *Dumbarton Oaks Papers, 13,* 143-168.

7. Dédéyan, G. (1980). *La Chronique Attribuée au Connétable Smbat.* Paris.

8. Langlois, V. (1862). *Chronique de Sempad, Extraits.* St. Petersburg.

9. Dulaurier, E. (1869). *Recueil des Historiens des Croisades, Documents Arméniens, I (pp. 610-672).* Paris.

10. Galstyan, A. G. (1962). *Armianskie istochniki o Mongolakh.* Moscow.

11. Der Nersessian, S. (1969). The Kingdom of Cilician Armenia. In K. M. Setton & R. L. Wolff (Eds.) *History of the Crusades, Volume II: The Later Crusades, 1189-1311* (pp. 630-659). University of Wisconsin Press.

12. Boase, T. S. R. (1978). *The Cilician Kingdom of Armenia.* London.

13. Bournoutian, A. A. (1997). Cilician Armenia. In R. G. Hovannisian (Ed.), *The Armenian People from Ancient to Modern Times, Volume I* (pp. 273-291). St Martin Press.

14. Toumanoff, C. (1966). Armenia and Georgia. In J. M. Hussey (Ed.) *The Cambridge Medieval History, Volume IV* (pp. 593-637). Cambridge University Press.

15. Hewsen, H. (2001). *Armenia: A Historical Atlas (pp. 136-141).* University of Chicago.

16. Bedrosian, R. (1979). *The Turco-Mongol invasions and the lords of Armenia in the 13th-14th centuries.* Columbia University, New York, NY.

SMBAT SPARAPET'S
CHRONICLE

VOLUME II

ՊԱՏՄՈՒԹԻՒՆ Ռ ԹՈՒԱԿԱՆԻՆ

77. Ի թուին Հայոց Ռ յամսեանն նաւասարդի որ աւր ԻԳ էր ամսոյն, եկն ձիւն կարմիր մոխրախառն. եւ եկն Նուրըտին տէրն Հալպայ ի վերայ Թլպաշրայ զաւրաւք. եւ զի ոչ ունէին յոյս աւգնութեան ուստեք՝ առեալ երդումն ի նմանէ զի անվընաս գնասցեն յԱնտիոք, եւ տուեալ զԹլպաշար ի Նուրըտինն, եւ ինքեանք գնացին յԱնտիոք խաղաղութեամբ: Ի սոյն ամի Թորոս որդին Լեւոնի էառ ի Հաւռմէն զՄսիս եւ զԹիլն, եւ կալաւ զտուկն Թումա. եւ դուքսն Անդրոնիկէ որ ունէր զպահպանութիւն Կիլիկեցոց աշխարհիս, հրամանաւ թագաւորին Յունաց, եկն ԺԲՌ հեծելով ի վերայ Թորոսի ի քաղաքն Մսիս, եւ նախատանաւք աղաղակէր առ Թորոս՝ թէ ահա կապանքն երկաթի հաւրն քո, սովաւ տարցուք զքեզ ծառայ ի Կոստանդինուպաւլիս որպէս հայրն քո: Եւ լուեալ զայս քաջն Թորոս՝ ոչ կարաց տանել նախատանացն, այլ յուսացեալ յԱստուած ժողովեաց զզաւրս իւր եւ պատառեաց զպարիսպն Մսսայ ի գիշերի եւ յարձակեալ առիւծաբար ի վերայ նոցա եւ ի սուր սուսերի մաշէր զնոսա: Ընդ որս եւ ի մեծ մարտին մեռաւ առաջի դրան քաղաքին տէրն Պապեռաւնին՝ Սմբատ: Եւ կալան զտէրն Լամբրունին զԱւշինն, եւ զտէրն Բարձրբերդոյ զՎասիլն, եւ զտէրն Ռոականու զՏիգրանն, որք էին սոքա ի կողմն Յունաց թագաւորին, եւ զթուլամորթ Յոյնսն կալեալ մերկացուցանէին եւ արձակէին. եւ տիրեաց Թորոս Մսսայ անհոգութեամբ, եւ ամենայն զաւառացն զոր ունէր:

HISTORY [FROM THE START] OF THE YEAR 600 A.E. [1151]

77. In the year 600 A.E. [1151] on the 23rd day of the month of Nawasard, red snow mixed with ash fell. And Nur-ad-Din, the lord of Aleppo, came against Tell Bashir with his troops. Because [the residents] had no hope of aid from any quarter, they accepted a pledge from him that they would [be allowed to] go unharmed to Antioch. They gave Tell Bashir to Nur-ad-Din and went to Antioch in peace. In the same year Lewon's son, T'oros, took Mamistra and Tell Hamdun from the Romans and seized Duke T'uma. Duke Andronicus who was charged with protecting the land of the Cilicians by order of the Byzantine emperor, came to the city of Mamistra with 12,000 cavalry against T'oros. And he boasted, shouting out to T'oros: "Behold your father's iron chains. I will take you bound in them to Constantinople, like your father." When valiant T'oros heard this, he was unable to bear the insult. Instead, placing his trust in God, he assembled his forces, breached Mamistra's walls at night, and attacked [the Byzantine troops] like a lion, putting them to the sword. Among those who died in the great battle before the city gates was Smbat, lord of Paper'o'n. Among those captured were the lord of Lambron, O'shin, the lord of Bardzrberd, Vasil, and the lord of Pr'akan, Tigran [all of whom were] on the side of the Byzantine emperor. [T'oros'] troops seized and despoiled the weak Byzantine forces and then let them go. Then did T'oros rule over Mamistra and all the other districts which he held without a care.

Բայց Աւշին, տէրն Լամբրունի կտրեաց գին անձին իւրոյ ԽՌ դահեկան. ԻՌ ետ եւ իռ դահեկանի գրաւական ետ զորդին իւր զՀեթում, եւ ազատեալ գնաց ի տուն իւր: Իսկ պատանին Հեթում եկաց առ Թորոս, եւ յոյժ սիրեաց զնա Թորոս, զի էր տեսակաւ գեղեցիկ եւ զգաւն եւ հանդարտ. եւ առաքեաց Թորոս առ Աւշինն եւ խնդրեաց առնել խնամութիւն, զի տացէ Թորոս զդուստրն իւր Հեթմոյ եւ զԻՌ դահեկանն պռոյգ կտրէին. եւ կամեցաւ Աւշինն, եւ յայնժամ ետ մկրտել զՀեթում, զի դեռ ոչ էր մկրտեալ եւ արար ձիաւոր եւ պսակեաց ընդ դուստրն իւր ի մի աւր, եւ ուրախացան յոյժ:

78. ՈԲ. Իսկ յետ այսր յաղթութեան զոր արար Թորոս, մաշեալ եւ հեծէին Յոյնք վասն նորա. ապա գնացեալ առ Մասուտ սուլտանն յԻկոնիոյ տալով նմա գանձս բազումս, եւ ասեն՝ արա զԹորոս բնաջինջ եւ զազգ նորա եւ զամենայն Հայերն: Եւ Մասուտն պատրեալ ի բազում տուոցն, յարուցեալ գնաց ի վերայ Թորոսի: Իսկ Թորոս առեալ զզաւրս իւր գնաց ընդ առաջ նորա ի վերայ լերանց. զոր տեսեալ այլազգեացն՝ զարմացան ընդ համարձակութիւն նոցա: Եւ յայնժամ առաքէր սուլտանն առ Թորոս եւ ասէր, ոչ եկի ես աւերել զերկիր քո կամ պատերազմել ընդ քեզ, այլ զի լսես մեզ եւ դարձուցանես զերկիրն Հոռոմց ի նոսա եւ մնաս սիրելի մեր:

O'shin, lord of Lambron divided the cost of his ransom, 40,000 *dahekans*, into two parts: he gave 20,000 dahekans, and gave his son, Het'um, as a hostage in place of the other 20,000 dahekans. And thus did he free himself and went to his own home. So Het'um came to T'oros as a hostage and was greatly liked by him, for he was attractive, aware, and composed. T'oros sent to O'shin and proposed to establish marriage relations: T'oros would give his daughter to Het'um and the 20,000 dahekans would be her dowry. O'shin agreed to this and had Het'um baptized—for up till then he had not been baptized—made him a knight, and married him to [T'oros'] daughter, all on the same day. And they rejoiced exceedingly.

78. 602 A.E. [1153]. After this victory which T'oros had achieved, the Byzantines were furious with him. So they went to the sultan of Iconium, Mas'ud, with numerous gifts, saying: "Eliminate T'oros, his clan, and all the Armenians." Mas'ud was bribed by the many gifts. He arose and went against T'oros. Now T'oros took his troops and went into the mountains in advance of them. When the foreigners saw this, they were astounded at his boldness. The sultan then sent [a message] to T'oros saying: "I did not come to ruin your country or to make war against you, but rather so that you listen to me and return to the Romans the territories you took from them. Then we will remain friends."

Զայս լուեալ Թորոսի ուրախ եղեւ, եւ առնէ նմա պատասխանի այսպէս. կամաւք յանձն առնումք հնազանդ լինել քեզ որպէս թագաւորի, վասն զի ոչ նախանձիւ ընդ յառաջանալս մեր, այլ երկիր ի նոսա դարձուցանել անհընար է. եւ զայս լուեալ սուլտանին՝ ոչ նեղեաց զնա, այլ հաստատեաց երդմամբ սէր եւ դարձաւ ի տուն իւր:

Ի թուին ՈԳ դարձեալ Մանիլ թագաւորն Յունաց գրգռէ զՄասուտն, եւ առաքեաց նմա գանձ կրկին քան զառաջինն ասելով, թէ հանգո զայրեցումն սրտի իմոյ յազգն Հայոց, տապալելով զամրոցս նոցա եւ բնաջինջ առնելով զնոսա: Եւ շարժեալ սուլտանն զայր բազում զաւրաւք յԱնարզաբա, եւ ոչինչ կարաց առնել, եւ առաքէ զմի ոմն ի մեծամեծաց իւրոց, Աղուպ անուն նորա, աւերելով զերկիրն Անտիոքայ. եւ յորժամ հասին ի դուռն, գային որպէս թէ առաքմամբ յԱստուծոյ Ֆրերքն, եւ պատահեցին նոցա ի դուռն եւ զամենեսեան սատակեցին, եւ սպանին զգլխաւորն նոցա. եւ իբրեւ լուան ի բանակն սուլտանին, զարհուրեցան յոյժ. եւ ոչ այս միայն, այլ եկն բարկութիւն յԱստուծոյ ի վերայ նոցա, զի երիվարք նոցա ի տապախոյ սատակեցան, եւ ինքեանք ի փախուստ դարձան, ոչ մընալով եղբայրն եղբաւր, կամ ընկեր ընկերի:

When T'oros heard this he was pleased and made this reply: "We will willingly submit to you as king, since you did not envy our advancement. However, it is impossible to return those lands to them." When the sultan heard this, he did not press him. Rather he established friendship with an oath and returned to his own home.

In the year 603 A.E. [1154] once again the Byzantine emperor Manuel sought to stoke Mas'ud and he sent him twice the amount of treasure as previously, saying: "Quench the burning of my heart toward the Armenian people, destroy their fortresses, and exterminate them." So the sultan came to Anazarbus with many troops, but he was unable to accomplish anything. He sent one of his grandees, named Ya'qub, to ravage the territory of Antioch. When they had crossed [a place called] the gate [Pylae Syriae, Passus Portellae], [soldiers called] the Brothers [knights Templar], as though sent by God, swooped upon them at that place and slaughtered all of them, including their chief. When those in the sultan's army heard about this, they were horrified. This was not all, for the wrath of God was visited upon them. Their horses perished from diarrhea and they themselves turned to flight, brother not waiting to help brother, nor comrade, comrade.

Եւ բազումք զերիվարսն ջլատէին եւ ինքեանք հետի-ոտս փախչէին ի վայրս դժուարս եւ մացառուտս, անկեալք գնային որպէս թէ ինքեանք յինքեանց հալածէին, զի Թո-րոս ոչ էր յերկիրն իւր, այլ գնացեալ էր ի Ծեծ. եւ յորժամ դարձաւ եւ զայն այնպէս ետես՝ գոհացան ամենեքեան զԱստուծոյ որ առանց զինու եւ մարտի մարմնականի հա-լածեցան նոքա:

Ի թուին ՈԴ եկն սուլտանն յԻկոնիոյ Մասուտն յեր-կիրն Թորոսի, եւ միւսանգամ բանակեցան ի վերայ Թլին. եւ եղեւ դարձեալ բարկութիւն Աստուծոյ ի վերայ նոցա, եւ թէպէտ աւուրք ամարայնոյ էին, սակայն որոտմունք եւ հրաձգութիւնք ահագին լինէին յերկինս, եւ հողմն ուժգին որ եւ զծառս խլէր յարմատոյ, եւ յահաւոր բարկութենէն ամենեքեան պակուցեալ յԱստուած ապաւինէին. եւ յետ Գ-ից աւուրց ողորմեցաւ Աստուած եւ խաղաղացան եր-կինք եւ երկիր: Եւ Մասուտ սուլտանն դարձաւ կրկին ա-մաչեցեալ ի տուն իւր, եւ յետ այնորիկ ապրէր ամիսս Ժ եւ անկեալ յախտ հիւանդութեան մահու, հաստատէր յա-թոռ իւր զորդին իւր զԽլիճ Ասլանն, որ կոչեցաւ Մաճատ, վասն զի խեղ ունէր զձեռն, եւ ել Մասուտն ի կենցաղոյս եւ թաղեցաւ յԻկոնիա: Էին եւ այլ որդիք նորա Բ, եւ մինն առատաձեռն էր քան զեղբայրն որ սուլտան եղեւ, զոր յաղագս կասկածանաց ետ խեղդել սուլտանն.

They hamstrung many of the horses and fled on foot through difficult, marshy places, as though they were persecuting themselves. For at that time T'oros was not in his country. Rather, he had gone to Tsets. When he returned and saw what had unfolded everyone thanked God, for they had been defeated without the use of weapons and without a physical battle.

In the year 604 A.E. [1155] Mas'ud, the sultan of Iconium, came to T'oros' country and again encamped against Tell Hamdun. Once again God's wrath came upon them, because although it was summer, there was a great deal of thunder and lightning, and winds so fierce that trees were torn up by their roots. Terrified by this awesome display of anger, everyone took refuge in God. After three days God took pity and the heaven and earth became calm. Once again embarrassed, Sultan Mas'ud returned to his home. After this he lived another ten months and then became sick with a fatal illness. He enthroned his son, Kilij-Arslan, who was called Machat because of a deformed hand, and then Mas'ud departed this life and was buried in Iconium. He had two other sons, one being more generous than the brother who had become sultan. Because of suspicions, the sultan had him strangled.

Իսկ կրտսեր եղբայրն երկուցեալ փախստական եղեւ եւ գնաց ի Գանգր եւ յԱնկիւրիա. եւ ոչ միայն զեղբայրն, այլ եւզմեծամեծս իւր սպանանէր, ուր եւ կարծէր անհնազանդ նմա. իսկ Աղուպ Ասլանն որդին ամիր Խազէ, որ էր տէր Սեբաստիոյ եւ աշխարհին Հալպայ, ոչ հաւանեցաւ նմա այլ եկն զաւրաւք ի Լիկանտոնն եւ արար [...] զբնակիչս աշխարհին, եւ զքրիստոնեայս սիրով բնակեցոյց յաշ-խարհն իւրեանց. եւ զայս լուեալ Խլիճ Ասլան սուլտանն եւ եկն պատերազմաւ ընդդէմ նորա, եւ միջնորդեալ ա-ռաջնորդացն իւրեանց, Դանուշմանացն, ոչ պատերազմել Բ դաս Մսլմանացն:

79. Ի թուին ՈԵ գայ Աղուպ Ասլանն զաղտագողի ի գաւառն Ջահնայ Ապլասթայն, եւ հանեալ զբնակիչս աշ-խարհին սիրով եւ տարաւ ի գաւառն իւր. եւ յաղագս այ-սորիկ գայ Խլիճ Ասլանն դարձեալ ընդդէմ նորա պատե-րազմաւ, եւ բանակեցան ընդդէմ միմեանց: Իսկ խալիֆայն այն սէր արար ի մէջ նոցա եւ խաղաղութիւն, զի մի՛ պա-տերազմեսցին Բ դաս Մուսուլմանքն:

Ի թուին ՈԶՍտեփանէ, եղբայրն Թորոսի եւ որդին Լեւոնի, շարժեալ ի չար մարդկանէ, եւ առանց գիտելոյ եղ-բաւրն իւրոյ Թորոսի, արար իւր գունդս զաւրաց եւ ելա-նէ առնուլ գաւառս եւ թափել աշխարհս աջողութեամբ. որ եւ էառ զԿոկիսոն եւ զԲերդուսն:

The younger brother, frightened, fled to Gangra and Ankara. [The sultan] not only killed his brother, but also those grandees whose loyalty to himself he questioned. Now Yaghi-Basan, son of Emir Ghazi, and lord of Sebastia and the land of Aleppo, did not approve of him. He came with his troops to Lycandus and made [...][1] the inhabitants of his land, and kindly settled the Christians on their land. When Sultan Kilij-Arslan heard about this he came to battle with him, but through the intercession of his advisors, the Danishmands, the two groups of Muslims did not fight.

79. In the year 605 A.E. [1156] Yaghi-Basan secretly came to the district of Jahan, [to its town of] Aplast'a, kindly removed the population from the land and took them to his own district. For this reason Kilij-Arslan again came against him to fight. They encamped opposite each other. But that caliph[2] established friendship and peace between them, so that the two groups of Muslims would not fight.

In the year 606 A.E. [1157] T'oros' brother, Stefane', Lewon's son, motivated by his wicked nature and without his brother T'oros' knowledge, arose with his brigade of troops and started to successfully retake [certain] districts. He took Kokison and Berdus.

1 There is a lacuna in the original text here.

2 Possibly, the Danishmend.

Եւ սուլտան Խլիճ Ասլանն եւ Թորոս սէր էին ընդ միմեանս. եւ Ստեփանէ որպէս ասացաք, առանց կամաց Թորոսի առնէր զայս. եւ վասն այսպիսի խռովութեան եկն Խլիճ Ասլանն ի գաւառն Կոկիսոնի, եւ հնազանդեցոյց իւր զամենեսեան, եւ ոչինչ մեղադրեաց բնակչացն. եւ անտի գնաց ի Բերդուսն. եւ Թորոս յաղագս սիրոյ սուլտանին՝ նենգեալ եղբաւրն, տայր զԲերդուսն ի սուլտանն յոչ կամայ Ստեփանէի. եւ սուլտանն վասն սիրոյն Թորոսի զբնակիչս բերդին անվնաս ազատեաց: Եւ ջանաց Ստեփանէ գողանալ զՄարաշ եւ ոչ կարաց: Եւ կայր ի Պեհեսնի քրիստոնէատեաց գլխաւոր մի, որ յոյժ նեղէր զքրիստոնեայսն, վասն որոյ նեղեալք ի նմանէ կամեցան միաբանութեամբ բազմաց սպանանել զնա ի բաղանիսն, եւ տալ զբերդն ի Ստեփանէ, եւ Ստեփանէ զաւրաւք թագուցեալ կայր ի սահմանս բերդին եւ մնայր ժամու: Իսկ ոմն ի խորհրդակցացն գնաց եւ պատմեաց գլխաւորին զբանն, որոյ մռմռեալ բարկութեամբ հրամայեաց զամենեսեան ի վայր հոսել ընդ բերդն: Զայս տեսեալ քրիստոնէիցն բնակչաց բերդին, ապաւինեցան առ Ստեփանէ, եւ նա առեալ զամենեսեան կանամբք եւ որդւովք տարեալ ի դաշտն Անարզաբոյ՝ բնակեցուցանէր ի Տուպնին, որք եւ անդ վախճանեցան ի շողոյն: Այլ սուլտանն Խլիճ Ասլանն, ունէր անապատ սէր ընդ Թորոս, եւ առաքեաց դեսպան յԵրուսաղէմ եւ յԱնտիոք եւ առ Թորոս, եւ կրկին ամրացոյց զսէրն իւր երդմամբ:

Sultan Kilij-Arslan and T'oros had friendly relations with each other and Stefane', as we said, took these [areas] without T'oros' consent. Owing to this disturbance, Kilij-Arslan came to the district of Kokison and pacified everyone, in no way blaming the inhabitants. Thence he went to Berdus, while T'oros, out of affection for the sultan, tricked his brother and surrendered Berdus to the sultan, against Stefane's wishes. The sultan in turn, because of his affection for T'oros, freed the inhabitants of the fortress unharmed. Then Stefane' attempted to steal Marash, but could not. In Behesni lived a Christian-hating chief who greatly harassed the Christians. For that reason, those who had been oppressed by him wanted, in their united multitude, to kill him while he was in the bath and to give the fortress to Stefane'. Stefane' was concealed with his troops near the confines of the fortress and waited there. But one of the plotters went and revealed the matter to the chief. Roaring with anger, [the chief] ordered that all [the conspirators] be hurled down from the fortress [walls]. When the Christian inhabitants of the fortress saw this, they took refuge with Stefane'. He took all of them, with their wives and children and led them to the plain of Anazarbus, settling them in Tupna where [many] died from the heat.

Իսկ քաջն Թորոս գործեաց եւ այլ գործ արութեան. քանզի բրինձն Անտիոքայ Ըռնաղտն յորդորմամբ Թորոսի, եւ ինքն Թորոս միաբանեալ կազմեցին նաւս, եւ գնացին ի կղզին Կիպրոսի, եւ գտեալ զնոսա անհոգս եւ անպատրաստս եւ յարձակեցան իբրեւ ի վերայ այլազգեաց եւ աւերեցին զքաղաքս եւ զգեւղս, եւ դատարկ թողուին զնոսա ի ստացուածոց իւրեանց, եւ խայտառականաւք խրատեալ զնոսա.

80. Եւ յոլով անուանի արանց կտրէին զձեռնն եւ զոտսն եւ զքիթն, եւ բազում եկեղեցականաց, եւ թողեալ գնացին: Եւ զայս առնէր Թորոս վասն հաւրն իւրոյ զոր անմեղ կապեալ տարան ի Կոստանդինուպաւլիս, եւ զինքն զԹորոս եւ զեղբայրն Ստեփանէ, եւ զմայրն իւր եւ զքորսն.

Որ եւ հայրն իւր անտ ի բանտի վախճանեցաւ. եւ ինքն Թորոս եւ եղբայրն իւր Ստեփանէ ծածկաբար փախեան եւ եկին տիրեցին հայրենեաց իւրեանց: Յիշէր եւ զառաջին իշխանսն Հայոց որ խաբմամբ տարան ի Կոստանդինուպաւլիս եւ կենդանոյն յերկաթի կախաղանս կախեցին, եւ զդրունսն կալան. յիշէր եւ զԳագկայ կախումն ի Մանտալէի որդւոցն, եւ զայլս բազումս: Իսկ թագաւորն Երուսաղեմի զայսու ժամանակաւ արարեալ զաւրաժողով զՖրերքն եւ զամենայն դասս քրիստոնէից եւ գնացեալ պաշարեաց զԱսկալոն, եւ սաստիկ պատերազմաւ նեղեալ էառ զնա ի տաւն Վերափոխման սրբոյ Աստուածածնին, եւ բնակչացն ոչինչ վնասեաց. ապա յետոյ գտեալ առ նոսա գործ նենգութեան եւ կոտորեաց զնոսա:

Now it happened that Sultan Kilij-Arslan had a genuine fondness for T'oros. He sent an emissary to Jerusalem and Antioch to T'oros, and again strengthened that friendship with an oath. Valiant T'oros displayed other acts of valor. The prince of Antioch, Renaud,[3] at T'oros' urging and together with T'oros himself, organized ships and sailed to the island of Cyprus. Seeing [the Cypriots] negligent and unprepared, they attacked them as though they were foreigners, ravaging cities and villages, and leaving them stripped of their belongings, and insulting them.

80. They lopped off the hands, feet, and noses of many noteworthy men and clerics and left them like that and departed. T'oros did this because of [the treatment of] his innocent father who had been taken to Constantinople in chains together with T'oros himself, his brother, Stefane', his mother, and sisters.

His father had died there in prison. T'oros and his brother Stefane' had fled secretly and had come [to Cilicia] and ruled over their patrimony. [T'oros] also recalled the Armenian princes who had been deceitfully taken to Constantinople, impaled on iron spikes while still living, and hanged on the gates. He also recalled the hanging of Gagik by the sons of Mandale' and many other events. Now the king of Jerusalem in this period gathered the Brothers [Templars] and all the ranks of Christians and went and besieged Askalon. They put [the city] into dire straits with fighting and then took it on the feast of the Assumption of the blessed Mother of God. But they did not harm the inhabitants in any way. Later, however, they uncovered some treachery directed at themselves and they destroyed them.

---

3 *Renauld* de Chatillon.

Ի սոյն ամի գնաց Նուրըտին, տէրն Հալպայ, եւ տիրեաց Դամասկոսի, եւ առաքէ գանձս բազումս թագաւորին Երուսաղեմի եւ բրնծին, եւ արարին սէր ընդ միմեանս: Եւ ի սոյն ամիեկն Նուրըտինն յԱնթափ եւ էառ զնա, եւ անտի առաքէր պատգամս յՌապան եւ յայլ շուրջակայսն, տալ առանց պատերազմի, եւ նոքա յահէ Խլիճ Ասլան սուլտանին ոչ կամեցան տալ, եւ նա թողեալ առ ժամ մի:

Ի թուին ՈԷ կամեցաւ թագաւորն Երուսաղեմի փեսայանալ Յունաց թագաւորին, Կեռ Մանիլին, եւ առաքէ առ նա պատգամս, եւ նա յաւժարութեամբ կամեցեալ առաքէ զդուստր հաւրեղբաւրն իւրոյ նմա ի կնութիւն, ի ձեռն հաւատարմաց իւրոց, բազում զաւրաւք եւ փարթամութեամբ մեծաւ, եւ խոստանայր անձամբ իւրով գալ յաւգնականութիւն քրիստոնէից, զոր եւ արար առանց յամելոյ:

Ի թուին ՈԸ թագաւորն Մանուիլ ժողովէ զաւրս բազումս իբրեւ բիւրս Ջ եւ դիմեալ եկն յաշխարհն Կիլիկեցւոց ի քաղաքն Մսիս, եւ ձմերեաց անդ: Եւ Թորոս, որդին Լեւոնի, երկուցեալ ի նմանէ, ամրացուցանէր զկինն իւր եւ զորդիս եւ զգանձ ի Տաճիկքարն, եւ ինքն զաւրաւք իւրովք շրջէր ի դժուար եւ մացառուտ վայրս եւ ի խորաձորս Տաւրոսի, եւ մնայր Թորոս գալոյ թագաւորին Երուսաղեմի. թերեւս եկեալ միջնորդեսցէ զհաշտութիւն թագաւորին Յունաց ընդ նմա զի յոյժ երկնչէր Թորոս ընդ վնասուն Կիպրոսի զոր գործեցին ինքն եւ բրինծն Անտիոքայ. զի բրինծն յառաջ եկեալ էր առ թագաւորն եւ զամենայն պատճառն ի վերայ Թորոսի էր կուտեալ: Եւ յայնժամ եկն թագաւորն Երուսաղեմի եւ խաչազգեստ Ֆրերքն եւ ամենայն քրիստոնեայքն առ Մանուիլ թագաւորն, եւ աղաչէին հաշտիլ ընդ Թորոս որդին Լեւոնի.

In the same year Nur-ad-Din, lord of Aleppo, went and ruled over Damascus. He sent many treasures to the king of Jerusalem and the prince, and they made peace with each other. In the same year Nur-ad-Din came to Aintab and captured it. From there he sent emissaries to Raban and other surrounding areas for them to surrender without any fighting. But out of fear of Sultan Kilij-Arslan they did not want to give [the territories] to him. So [Nur-ad-Din] left them for a while.

In the year 607 A.E. [1158] the king of Jerusalem[4], wishing to establish marriage relations with [the family of] the Byzantine emperor Manuel, sent envoys to him. [Manuel] gladly agreed and sent the daughter of his father's brother to him as a wife. [She was sent] in the company of trustworthy men with numerous troops and great splendor, and he promised to come to the assistance of the Christians in person, which he did without hesitation.

In the year 608 A.E. [1159] Emperor Manuel assembled as many as 800,000 troops and came to the city of Mamistra in the land of the Cilicians, where he wintered. T'oros, Lewon's son, distrusted him, so he secured his wife, sons, and treasures in the fortress of Tachikk'ar, while he himself circulated around in difficult and swampy places in the depths of the Taurus Mountains where he awaited the arrival of the king of Jerusalem [thinking that the latter] would come and mediate peace between himself and the Byzantine emperor. This was because T'oros was very frightened over the damage that he and the prince of Antioch had inflicted on Cyprus. For the prince had already gone to the emperor and laid all the blame for this on T'oros. Then the king of Jerusalem and the cross-adorned Brothers [Templars] and all the Christians came to Emperor Manuel and pleaded that he reconcile himself with Lewon's son, T'oros.

4 Baudoin II, 1143-1163.

81. Եւ գովէին զնա թագաւորին, թէ այր իմաստուն է եւ կիրթ եւ վարժ եւ կորովի ի պատերազմունս, եւ քաջասիրտ եւ մեծախորհուրդ, եւ առ ամենայն կարիս քրիստոնէից յոյժ պիտանի, եւ առատաձեռն, եւ ամենայն բարի տեսակաւք լի: Եւ թագաւորն շնորհեաց նոցա զմեղանսն Թորոսի, եւ կամեցաւ տեսանել զնա յաւժարութեամբ. եւ յայնժամ առաքեն առ Թորոս գալ առ թագաւորն. զոր տեսեալ Մանուիլ թագաւորն ուրախացաւ ընդ տեսիլ գեղոյն նորա: Եւ ետ Աստուած շնորհս Թորոսի առաջի թագաւորին, եւ յոյժ մեղադրէր չարախաւսացն Թորոսի. եւ կացեալ սակաւ աւուրս առ թագաւորն՝ հրամայեաց գնալ ի տուն իւր եւ փութանակի դառնալ ի բանակն: Եւ գնաց Թորոս ի տուն իւր, եւ էառ զպէտս զաւրացն, ոչխարս, գոմէշս, պախրէս, կինճս, ձիս ազնիւս, եւ բերեալ մատոյց ընծայ թագաւորին. եւ թագաւորն ուրախ եղեւ ընդ առատաձեռնութիւնն Թորոսի, եւ գովեաց զնա առաջի ամենեցուն, եւ թողութիւն արար նմա ի սրտէ, զոր արար առ Յոյնք: Եւ յայնժամ թագաւորն Երուսաղեմի եւ բրինձն Անտիոքայ, եւ սեւաստիաւսն Թորոս, եւ Ֆրերքն խորհեցան փրկութիւն առնել քրիստոնէից. եւ չուեալ ամենայն բազմութեամբն եկեալ հասին եւ բանակեցան հանդէպ Անտիոքայ. այլ թէպէտ եւ թագաւորն Երուսաղեմի եւ այլ մեծամեծքն յորդորէին զարքայն Յունաց ջանալ վասն փրկութեան աշխարհին քրիստոնէից, եւ նա յանձն առնոյր եւ խոստանայր նոցա, այլ ոչ ճշմարտութեամբ եւ ի սրտէ, քանզի ունէր խորհուրդ մտանել յԱնտիոք ոչ վասն պիտանի ինչ գործոյ այլ զեղխ եւ մոլեկան ցանկութեան կանանց, եւ զի խորհեալ էր առնուլ իւր կին ի դստերաց Պեմնդին, տեառնն Անտիոքայ, եւ գնայր տեսանել զայն՝ թէ լինիցի ըստ կամացն, ոչ յայտնելով ումեք զխորհուրդն:

81. They praised him before the king as a wise, savvy, skilled, and forceful man of war, valiant and deep, who saw to all the needs of the Christians, who was generous and full of all goodly qualities. The emperor pardoned T'oros' crimes for them and eagerly desired to see him. So they sent to T'oros [urging him] to come before the emperor. When Emperor Manuel saw him he rejoiced at his comely appearance. God gave grace to T'oros before the emperor who greatly blamed those who had slandered him. After remaining with the emperor for a few days, [Manuel] ordered him to return to his own home and quickly return to the [imperial] army. T'oros returned home, collected what provisions the troops would require—sheep, oxen, cattle, boars, and fine horses—and brought them and presented them as gifts to the emperor. The emperor was delighted with T'oros' generosity and praised him before everyone. He pardoned him in his heart for what he had done to the Byzantines. And then the king of Jerusalem, the prince of Antioch, the *sebastius* T'oros, and the Templars planned to save the Christians. Setting forth in all their numbers, they came and encamped near Antioch. Although the king of Jerusalem and the other grandees encouraged the Byzantine emperor to strive for the salvation of the land of the Christians, and although he had made such a promise to them, he had done so without sincerity or conviction. For [the emperor] planned to enter Antioch not to accomplish what was right, but to satisfy his perverse and lustful desire for women. He wanted to take a wife from among the daughters of Bohemond, lord of Antioch. He went and saw that she was to his taste and did not reveal his intentions to anyone.

Եւ տայր յաւուրսն յայնոսիկ թագաւորին Երուսաղեմի, եւ Պաղտնին, որ էր այր սկայաձեւ եւ բարեպաշտ յոյժ, պարգեւս մեծամեծս, եւ պսակէր զնա թագաւորական խոյրիւ եւ մեծագին զգեստուք, եւ զարդարէր պաղատ մի թագաւորական, եւ լնոյր ամենայն սպասուք ոսկեղինաւք եւ արծաթեղինաւք եւ ամենայն կահիւ, ըստ աւրինի, եւ պարգեւէր նմա: Տայր եւ յիշխանացն նորա մեծագոյն պարգեւս, որ եւ մի ումն յիշխանաց անտի Ֆիլիպ անուն՝ արժանի յիշատակի բանս խաւսեցաւ. վասն զի յորժամ առաքեաց նմա թագաւորն Գ քանքար ոսկի եւ հանդերձս մեծագինս, յարեաւ շնորհակալ եղեւ եւ գոհացաւ զթագաւորէն, եւ ասաց ընդ առաքեալսն առ նա. ասա՛ ընդ թագաւորսն քո, մեք վասն գանձի եւ հանդերձի ոչ եկաք առ քեզ, այլ վասն փրկութեան քրիստոնէից. եթէ զայդ խորհիս եւ առնես, զանձինս մեր եւ զբովանդակ զաւրաց մերոց ամենայն ընչիւք մերովք տամք ի ծառայութիւն քեզ, եւ ուր եւ հանդիպեսցի պատերազմն՝ ունիս տեսանել թէ որպիսի արիագոյն զինուորս ունիցիս, եւ տացես զոսկիդ քո կարաւտելոց քոց. ապա թէ զայս ոչ առնես զոր խնդրեմք եւ դու խոստացար առնել, փրկութիւն քրիստոնէից, նա ոսկիդ քո անպիտան է մեզ: Եւ սկսան սահմանել զմտանելն իւրեանց ի քաղաքն այսպէս. զարդարեցին զդրունս քաղաքին եւ զբովանդակ պարիսպն, եւ առաքեցին զթագաւորական դրաւշսն եւ կանգնեցին ի վերայ գլխոյ դղեկին, եւ կարգեալ զաւրականս եւ զգլխաւորս ի դրունս քաղաքին՝ պնդէին եւ զփողոցսն, եւ կարգէին գլխաւորս փողոցացն, եւ պարփակէին զամենայն քաղաքամէջսն զաւրաւք.

At that time the king of Jerusalem was Baudoin who was an extremely pious giant of a man. [The emperor] gave very great gifts and crowned [Baudoin] with a royal diadem, [giving him] costly garments, and decorating a royal palace which he filled with all [sorts of] vessels of gold and silver and appropriate furnishings, and he gave it to him as a gift. He also gave very substantial gifts to his princes. One of the princes there, named Phillip, made some memorable remarks about this. For when the emperor had sent him three [large] measures of gold and expensive garments, he was grateful and praised the king, but [Phillip] remarked to those who had brought them: "Tell your king that we did not come to you for treasures and clothing, but for the salvation of the Christians. If it is your intention to effect that, then we will give our treasures and all of our troops with all of our belongings in service to you. And wherever the battle will occur you will see just what brave soldiers you have and then you [should] distribute your gold to those of your [people] who are in need. But if you do not do as we requested and as you promised to do, that is, to save the Christians, then your gold is of no use to us." Next they began to delineate how they would enter the city. They adorned the gates of the city and all of its walls and sent the royal banner and erected it at the summit of the citadel. Then they designated troops and commanders to secure the city gates and the streets, and filled the entire center of the city with troops.

82. Իսկ ապա հնչեցուցանէին զձայնատու փողսն, եւ ելանէր թագաւորն յոսկիակազմ երիվարն զգեցեալ զթագաւորական զգեստն, եւ պսակեալ թագիւն որ փայլէր իբրեւ զաստեղս ճաճանչաւորս՝ մեծագին քարինքն, եւ կարգեալ զաւրքնամենայն յաջմէ եւ յահեկէ՝ խաղային գնային հանդարտաբար, եւ թագաւորն Երուսաղեմի առաջի նորա պսակեալ խոյրիւն եւ հեծեալ յերիվար, եւ տէրն Անտիոքայ վասն առաւել խոնարհութեանն՝ հետիոտս ընթանայր առաջի նորա: Եւ այսպիսի մեծ հանդիսիւ մտանէր ի քաղաքն Անտիոք թագաւորն Յունաց Մանուիլն, եւ թագաւորն Երուսաղեմի Պաղտինն. եւ ապա ընթանայ թագաւորն ընդ մէջ քաղաքին, եւ հասանէր յերկրպագութիւն սրբոյ տաճարին եւ առաքելական աթոռոյ սրբոյն Պետրոսի, եւ անտի դառնայր յիջեվանս իւր: Իսկ ամիրապետն Հալպայ, որդին Զանկէ, Նուրըտինն, իբրեւ լսէր զայնպիսի ժողովիլն թագաւորացն քրիստոնէից, զանգիտէր յանձն իւր, եւ յերկիւղէն կազմէր զամենայն աարոցսն իւր, եւ պատրաստէր պատերազմի, եւ կարգէր յամենայն տեղիս զաւրագլուխս, եւ զառ եւ զաւար անցուցանէր յայնկոյս Եփրատ գետոյն: Եւ ապա յետ փոքր ինչ աւուրց՝ դեսպան առաքէր թագաւորն առ Նուրըտինն, եւ հրովարտակս գրէր, եւ խնդրէր ի նմանէ զսահմանս գաւառացն Անտիոքայ, եւ զԵդեսեա եւ զսահմանս նորա, զոր յափշտակեալ էր ի քրիստոնէիցն. խնդրէր եւ զծառայս բռնակալեալսն ի բանտի, յազգաց գլխաւորաց քրիստոնէից:

82. Then the king rode in on a horse arrayed in golden royal garments and adorned with a crown whose precious stones glittered and gleamed like the stars. Troops were arranged on his right and left sides as he calmly advanced. The king of Jerusalem went before him crowned with a diadem and mounted on a horse, while the lord of Antioch, due to his lesser station, went before him on foot. And with such great ceremony did the Byzantine emperor Manuel enter the city of Antioch with Baudoin, king of Jerusalem. The emperor rode along into the city, reaching the blessed Temple and the Apostolic throne of Saint Peter where he worshipped, and then he went to his own lodgings. Now when the *amirapet* of Aleppo, Zengi's son Nur-ad-Din, heard about such an assemblage of Christian kings, he became frightened, and out of fear he gathered all his forces and prepared for battle. He placed military commanders everywhere and then hurriedly crossed to the other side of the Euphrates River. After a few days the emperor sent an emissary to Nur-ad-Din and wrote edicts, demanding as borders from him the districts of Antioch, and Edessa and its confines, [territories] which he had seized from the Christians. He also demanded [the return of] those prisoners from the clans of the principal Christians who had been forced into prison.

Եւ ամիրայապետն Հալպայ իբրեւ ետես զդեսպանն եւ զհրովարտակս թագաւորին, հանգեաւ ի հոգոցն եւ յերկիւղէն որ կայր առ նա, վասնզի էր այր խորագէտ եւ իմաստուն, եւ ճանաչեաց զչափ զաւրութեան զաւրացն, վասն զի ոչ սրով եւ նիզակաւ խնդրեաց զայն, այլ քարտիսիւ եւ մելանաւ. առ որպատասխանեաց ոչ առնել զկամսն նորա եւ ոչ բնաւ զոր խնդրէ. բայց եթէ կարող, ուժով արասցէ զայն: Զոր իբրեւ լուաւ թագաւորն Յունաց՝ ի խորհուրդ կոչէր զամենեսեան թէ որպէս պատասխանի արասցեն. եւ թագաւորն Երուսաղեմի եւ տէրն Անտիոքայ եւ ամենայն իշխանքն անկանէին յոտս արքային Յունաց Մանուիլին եւ ասէին. ո՛վ թագաւոր, մի՛ զայսքան ուրախութիւնս մեր ի տրտմութիւն դարձուցանէր, քանզի թշնամիքն Քրիստոսի ընդ միաբանութիւնս մեր սրտաբեկեալ կան, եւ եթէ առանց պատերազմի սէր առնես ընդ նոսա՝ միահաղոյն բառնան զանուն քրիստոնէից յաշխարհէ, եւ արհամարհեալ ոչինչ համարին զազգն քրիստոնէից, եւ լինիմք առակ նշաւակի նոցա: Իսկ նա պատճառէր մեծագոյն պատճառս, թէ խապար եկն յաթոռոյն իմոյ եւ այնր աղագաւ կամիմ փոյթ ընդ փոյթ գնալ. եւ ստայաւդ բանիւք կարկատէր պատճառս յետս դառնալոյն: Եւ ապա ի խոր տրտմութեան մատնեցան առ հասարակ եւ թախանձանաւք աղաչէին զնա զի Գ աւր միայն գնասցէ ի վերայ Հալպայ, եւ յայնժամ արասցէ ընդ նոսա սէր՝ եթէ կամեսցի:

Now when the amirapet of Aleppo saw the emissary and proclamation of the emperor, his fear and dread subsided. For [Nur-ad-Din] was an astute and intelligent man and recognized the limits of [the emperor's] military power, and that he was making his demands not with sword and spear, but with parchment and ink. Consequently, he replied that he would never do [as the emperor] wanted and if [the emperor] could, he should effect [his request] through force. When the emperor of the Byzantines heard this, he summoned all [his advisors] to council to determine what response to make. The king of Jerusalem and the lord of Antioch, and all the princes fell at the feet of the Byzantine emperor Manuel and said: "Oh emperor, do not transform such joy as we now have into sorrow. For the enemies of Christ are horrified at our unity. Thus, if you make peace with them without a fight, the name of Christian will be completely removed from the land and, scorned by the enemy, the Christian peoples will be considered of no account and an object of ridicule." [The emperor] made significant excuses [and said]: "There is a disturbance [threatening] my throne, and therefore I want to quickly return [to Constantinople]. I can mend matters there and return [here]." Everyone was thrown into the deepest despair. They pleaded with him, saying: "Go against Aleppo for just three days, and then make peace with them, if you choose."

Եւ Մանուիլ ոչ լսեաց աղաչանաց նոցա, եւ ոչ կամեցաւ բարի առնել քրիստոնէից. ապա առաքեաց առ Նուրըտինն եւ արար սէր. զոր լուեալ անաւրինացն հիացան ընդ անակնունելի բանն, քանզի ամենեքեան կորստեան անձանց ակն ունէին, եւ տեսին զի ազատեցան ի կորստենէ առանց արեանեւ պատերազմի, եւ ի խնդութենէն ոչ հաւատային թէ ճշմարիտ է, եւ ոչ գիտէին թէ զինչ պատասխանի արասցեն՝ զի կարծէին զնոսա լրտես առաքած, մինչեւ ի պատգամաւորացն հաստատէին զճշմարիտն։

83. Եւ իբրեւ ստուգեցին՝ առաքեցին առ նա զանձս բազումս եւ ընծայս պատուականս, ձիս եւ ջորիս ազնիւս, եւ ի կալանաւորաց քրիստոնէիցն Ծ. եւ յայնժամ բարի թագաւորն Յունաց Մանուիլն որ եկն իբրեւ զարծիւ զաւրեղ, դարձաւ որպէս զաղուէս տկար։ Եւ այնքան բազմութեամբ հեծելաւքն գնաց որպէս փախստական եւ եհաս յաշխարհն Խլիճ Ասլան սուլտանին։ Եւ ելեալ Թուրքմանք յուչէն անկան ի վերայ վերջաւորացն եւ կոտորեցին ի նոցանէ արս ԺԲՌ յաղագս որոյ մեծ խռովութիւն եղեւ ընդ թագաւորն եւ ընդ սուլտանն, եւ Թորոս մնաց խաղաղութեամբ։

But Manuel did not heed their entreaties nor did he want to do good to the Christians. Rather, he sent to Nur-ad-Din and made peace. When the infidels heard about this, they were stunned at the unexpected turn of events, since all of them were envisioning their own destruction. They realized that they had been spared destruction without bloodshed or battle, and in their delight, they did not believe that it was true. Nor did they know what sort of response to make, since they thought that [the emissaries] had been sent for espionage purposes.

83. But the emissaries confirmed the truth of the matter. Once they had verified things, they sent to him many treasures and worthy gifts, horses and fine mules, as well as 50 of the Christian captives. And then Manuel, the goodly emperor of the Byzantines, who had come there like a powerful lion returned like a weakened fox. And he departed with such a huge multitude of cavalry like a fugitive and reached the land of Sultan Kilij-Arslan. The Turkmens fell upon those at the rear and killed some 12,000 men. Thus a great conflict arose between the emperor and the sultan, and T'oros remained at peace.

Իսկ տէրն Հալպայ Նուրըտինն, տուեալ էր յառաջագոյն զԽառան եղբաւրն իւր Միրանայ, եւ զայսու ժամանակաւ լուաւ զնմանէ եթէ դաւ նենգութեան ունի ընդ նմա եւ կամի զնա սպանանել, վասն որոյ առաքէ զանձս բազումս թագաւորին Երուսաղեմի, եւ առնէ սէր ընդ նմա Դ ամսոյ. եւ գնաց զաւրաւք ի Խառան ի վերայ եղբաւրն, եւ յամիսս Բ էառ զնա, էառ եւ զՌուհա եւ զՌակկա, եւ ընդ բոլոր էած զսահմանսն զայնոսիկ, եւ եկն յերկիրն Խլիճ Ասլան սուլտանին եւ էառ զՌապան, զՓարզման, զՔեսուն, զՊեհեսնի, զՄարաշ, եւ եկն իջաւ ի վերայ Հոռոմկլային. եւ մինչ բանակէր անդ համբաւ եհաս նմա ի Դամասկոսէ թէ կէտ պայմանի սիրոյն վճարեցաւ եւ Ֆրերքն եւ Ֆռանգնին աւերեցին զերկիրն քո: Եւ նա ելեալ գընաց ի Դամասկոս, եւ զաւրս բազումս ժողովեաց, եւ կամէր պատերազմել ընդ թագաւորն Երուսաղեմի: Ժողովեաց եւ թագաւորն Երուսաղեմի զամենայն զաւրագլուխս քրիստոնէից զաւրաւք իւրեանց, եւ կացեալ մինչեւ ի ձմեռնն եւ արարին սէր ընդ միմեանս եւ գնացին իւրաքանչիւր ոք ի տուն իւր: Նոյնպէս սուլտան Խլիճ Ասլանն եւ Աղուպ Ասլանն արարին սէր ընդ միմեանս, եւ ետ Խլիճ Ասլանն զԱպլասթայն Աղուպ Ասլանին. եւ ի նոյն ամսեան տարան զորդի կոմսին ծառայ ի Հալպ. եւ ի սոյն ամի տէրն Խլաթայ, Մշոյ, Տաւղուտափոյ, Մանծկերտոյ՝ Միրանն, որդի ամիր Պրեհմին, առաքեաց զորդին իւր բազում զաւրաւք յաշխարհին Վրաց ի Ծեծ.

Now Nur-ad-Din, the lord of Aleppo had previously given Harran to his brother, Miran. At this time he heard that [his brother] was plotting against him, and so he wanted to kill him. Thus did he send numerous treasures to the king of Jerusalem and established peace with him for four months. Then he went with his troops against his brother in Harran, which he took after two months along with Edessa and R'akka and their surrounding territories. Then he went to the country of Sultan Kilij-Arslan and took Raban and P'arzman, Kesoun, Behesni and Marash and then descended on Hromkla. While encamped there, news reached him from Damascus that the peace arrangement had collapsed and that the Templars and the Franks were ravaging his country. So he arose and went to Damascus and assembled numerous troops. He wanted to fight with the king of Jerusalem. The king of Jerusalem also assembled all the military commanders of his Christian forces and remained until winter when they made peace with each other. Then both [sides] returned to their own homes. Similarly, Sultan Kilij-Arslan and Yaghi-Basan made peace with each other. During the same period the son of Count [Joscelin] was taken captive to Aleppo. In the same year the lord of Xlat', Mush, To'ghutap', Manzikert, Miran, son of Emir Ibrahim, sent his son with many troops to the land of the Georgians, to Tsets.

Իսկ զաւրք թագաւորին Վրաց Գորգէ ժողովեալ էին արշաւել յերկիրն Խլաթայ. եւ ի գաւառն Ուխտեաց հարան ընդ միմեանս, եւ յաղթեցին Վրացիքն եւ արարին զնոսա փախստական եւ կոտորեցին ի Թուրքէն արս ԺՌ եւ կալան ի գլխաւորացն ԳՃ. բայց սպարապետն Վրաց սպանաւ եւ այլքն դարձան ուրախութեամբ յաշխարհն իւրեանց:

84. Ի թուին ՌԺ թագաւորն Վրաց Գորգէ, եկն ի վերայ քաղաքին Անւոյ եւ Ա աւր արար եւ էառ զնա պատերազմաւ եւ կոտորեաց ընդ Հայ եւ ընդ Թուրք արս Ռ, եւ եդեալ զաւրս պահապան քաղաքին արս ԲՌ եւ դարձաւ յաշխարհին իւր: Իսկ տէրն Խլաթայ Շահրմէնն արար ժողով հեծելոց ՁՌ արանց եւ եկեալ նոքաւք յԱնի պաշարեաց զնա. եւ լուեալ թագաւորն Գորգէ՝ եկն սրտմտութեամբ ի վերայ նորա եւ կոտորեաց զամենեսեան ի սպառ, եւ ըմբռնեաց ի նոցանէ գլխաւորս արս ՋՌ, եւ ապրեալքն էին յայնքան բազմութենէն անձինս եւ դատարկս մազապուրծ զերծեալս արս ԺՌ. եւ լցաւ թագաւորն Գորգէ աւարաւ նոցա եւ յաշխարհ իւր դարձաւ ուրախութեամբ: Ի սոյն ամի տէրն Անտիոքայ Ըռնաղտ բրինձն, առեալ Ռ այր ձիաւոր եւ հետեւակ եւ գայր նոքաւք ի գաւառն Տլքոյ ի Կաթողիկոսեանց բերդն ի Ծովքն, եւ ասպատակաւորս սփռէր շուրջ զգաւառաւքն, գերել եւ աւար առնուլ զխորանաբնակ Թուրքմանսն:

Now the forces of the Georgian king Gorge' had massed to invade the country of Xlat'. The two sides clashed in the district of Uxtik'. The Georgians were triumphant, putting [their enemy] to flight and killing some 10,000 Turks. They also seized 300 of their chiefs. However, the *sparapet* of the Georgians was killed. The others returned to their land joyfully.

84. In the year 610 A.E. [1161] Gorge', king of the Georgians, came against the city of Ani and took it in one day through battle, killing some 1,000 Armenians and Turks. He left 2,000 men there as guards, and then returned to his own land. Now the lord of Xlat', the [Danishmendid] Shah-Armen, assembled 80,000 cavalrymen, brought them to Ani, and besieged it. When King Gorge' heard about this, he came against them in fury and wiped out [almost] all of them, seizing 6,000 of their principals. Out of that enormous multitude only 10,000 men were able to save their lives and escape by a hairsbreadth, empty-handed. King Gorge' loaded up with their spoil and joyfully returned to his own land. In the same year the lord of Antioch, Prince Renaud, took 1,000 cavalry and infantry and came to the fortress of the *Catholicoi*, to Tsovk' in the district of Duluk, and spread about taking captives and looting the tent-dwelling Turkmens.

Իսկ Մճմատինն, տէրն Արեւնդոյն, որ երկրորդ էր Նուրըտնին, յառաջագոյն ժողովեաց արս ԺՌ եւ դարանամուտ եղեալ նոցա, յարեան ի վերայ եւ կոտորեցին զամենեսեան եւ կալան զբրինձն եւ Լ ձիաւոր, եւ տարան ածին ի Հալպ բազում նախատանաւք, եւ առաքեալ աւետաւորս առ Նուրըտինն ի Դամասկոս, զի անդ էր ժողոված: Իբրեւ լուաւ՝ աւերեաց զամենայն գաւառն քրիստոնէից մինչեւ ի Տրապաւլիս, եւ եկն էջ ի վերայ Հերմին. եւ թագաւորն Երուսաղեմի եւ Թորոս, որդին Լեւոնի, յԱնտիոք էին, վասն որոյ ոչ իշխեաց յամել անդ, այլ գնաց յետս, եւ Նուրըտինն գնացեալ էառ զԱրցխան երդմամբ, եւ քակեաց զբնակութիւնն եւ զգերին տարեալ ի Հալպ: Ի սոյն ամի գնաց Խլիճ Ասլան սուլտանն ի Կոստանդինուպաւլիս առ թագաւորն Մանուիլն, եւ տարաւ զեղբայրն Նուրըտնին զՄիրանն, եւ եդ դաշինս ընդ թագաւորին կալ ընդ նմա սիրով զամենայն աւուրս կենաց իւրոց, եւ դարձաւ յաշխարհն իւր բազում պարգեւաւք:

85. Ի թուին ՌԺԴ սպանաւ Ստեփանէ որդին Լեւոնի, եղբայր Թորոսի սեւաստաւսի, դաւով նենգութեամբ անաւրէն տուկին Յունաց, յաշխարհն Կիլիկեցւոց, առջեւ Համուսին. զի կոչեցին զնա սիրոյ աղագաւ, եւ կալեալ չարաչար մահուամբ հանին ի կենցաղոյս, խաչելով ի կատսայ, ոչ խնայելով անաստուած Յունացն յայնպիսի քաջ զաւրականն: Եւ մնացին նմա Բ որդի, Ռուբէն եւ Լեւոն:

Now Majd-ad-Din, lord of Arewe"nd, who was Nur-ad-Din's second [in command], had previously assembled 10,000 men and concealed them in an ambush. He sprang out and killed them all. Seizing the prince and 30 cavalrymen, he took them to Aleppo with many insults. He notified Nur-ad-Din in Damascus about this, since he had massed there. As soon as [Nur-ad-Din] heard the news he ravaged all the districts of the Christians as far as Tripoli. Then he descended upon Harim. However, the king of Jerusalem and T'oros, Lewon's son, were in Antioch, and so he did not dare to remain there. Instead, he turned back. Nur-ad-Din went and took Arzghan by oath, pulling down the dwellings and taking captives to Aleppo. In the same year Sultan Kilij-Arslan came to Emperor Manuel in Constantinople, bringing along Nur-ad-Din's brother, Miran, and he made an agreement with the emperor to be friendly toward him for the rest of his life. Then he went back to his own land, laden with many gifts.

85. In the year 614 A.E. [1165] Step'ane', Lewon's son and the brother of the sebastius T'oros, was slain through the treachery of an impious Byzantine duke. [This occurred] in front of [the fortress of] Hamus in the land of Cilicia. They had called [Step'ane'] there in friendship. Then, seizing him, they subjected him to a cruel death, crucifying him on a sycamore tree. The godless Byzantines would not spare [even] such a valiant warrior. [Step'ane'] had two sons, Ruben and Lewon.

Իսկ եղբարք նորա Թորոս եւ Մլեհն, զայրացեալ ընդ գործ նենգաւորացն, առին զվրէժ արեան նորա յանմեղ Յունաց հազարապատիկ, որոց արեանցն պարտական տունկն էր: Ի սոյն ամի թագաւորն Վրաց Գորգի եկն զաւրաւք ի Դուին, եւ ելին ընդդէմ նորա պատերազմաւ, եւ կոտորեալ զնոսա Գորգէ արար փախստական ի մուտս քաղաքին, որոյ եւ զաւրք թագաւորին հետամուտ եղեալ սուր ի վերայ եդին եւ կոտորեցին զամենեսեան եւ զքաղաքն այրեցին, եւ միահաղոյն յաւեր դարձուցին եւ գնացին: Եւ յայսմ ժամանակի յաղթողն Թորոս որդին Լեւոնի, կայր քաջութեամբ եւ պահէր զլեռնակողմն Տաւրոսի որոց տիրեալ էր. իսկ եղբայր նորա Մլեհն էր այր չարաբարոյ եւ անագորոյն, եւ խորհեցաւ սպանանել զեղբայրն իւր զԹորոս, եւ յարեաց յինքն այլս ոմանս ի նոյն խորհուրդ, եւ յաւուր միոջ՝ մինչ գնային յորս երէոց ընդ Մսիս եւ ընդ Ատանա ի մէջ, եւ կամէր Մլեհն անդ սպանանել զեղբայրն, եւ Թորոս նախայիմաց եղեալ եւ զգաստացեալ կալաւ զՄլեհն, եւ առաջի զաւրացն եւ իշխանացն հարցաքննեաց թէ էր վասն կամէին զայս գործել. եւ առաջի նոցա պախարակեաց զՄլեհն եւ ամաչեցոյց. եւ յայնժամ ետ նմա բազում կարասի իշխանութեան, ձիս եւ ջորիս, զէնս եւ գանձս, եւ արտաքսեալ եհան զնա ի գաւառէ իւրմէ եւ այլ ոչինչ արար փոխարէն չարեաց նորա:

Now his brothers, T'oros and Mleh, enraged at this act of treachery, exacted a thousand-fold vengeance for the shedding of his innocent blood, and that duke was responsible for [the shedding of] their blood. In the same year the Georgian king Gorge' came to Duin with his troops. [The defenders] came against him in battle, and Gorge' destroyed them causing them to flee into the city. The king's troops pursued them and destroyed all of them. [The Georgian troops] set fire to the city, completely looted it, and then departed. In that period Lewon's son, the conquering T'oros, displayed his valor and held [secure] those parts of the Taurus Mountains over which he ruled. Now his brother, Mleh, was a malicious and treacherous man, and planned to kill his brother, T'oros. Getting together some others of the same tendency, one day while they had gone out to hunt deer, Mleh wanted to slay his brother there [at a place] between Mamistra and Adana. But T'oros had been forewarned. He furiously seized Mleh and interrogated him before the troops and the princes as to what he was hoping to accomplish. They reproached Mleh in their presence and he was shamed. Then [Mleh] gave [to T'oros] much of the inventory of his authority, horses, mules, weapons, and treasures. And they removed him from his district. Thus, he received nothing in exchange for his wickedness.

Իսկ նա ելեալ գնաց առ տէրն Հալպայ Նուրըտինն, եւ եմուտ ընդ ծառայութեամբն նորա, եւ նա ետ նմա զԿիւրոս եւ զգաւառն իւր: Իսկ կինն Ստեփանէի, դուստր էր պարոն Սմբատայ տեառն Պապեռաւնին, եղբաւր Աւշնին, Լամբրունին տիրոջն, եւ քոյր Բակուրնայ որ տիրեաց Պապեռաւնին, յետ սպանմանն Սմբատայ հաւրն իւրոյ, ի զաւրացն Թորոսի, զոր յառաջն ասացաք, ի դուռն Մսսայ, որոյ առեալ զորդեակս իւր գնաց ի Պապեռաւնն առ եղբայրն իւր Բակուրան, եւ անդ նստեալ սնուցանէր զնոսա. եւ էր բարեպաշտաւն եւ իմաստուն կինն այն եւ երկիւղած ի Տեառնէ, որոյ կոչէր անուն Ըռիթա: Էր եւ Վասակ եղբայր Բակուրնայ, տէր դղեկին Ասկուռսոյ եւ Լամաւսոյ եւ կողմացն այնոցիկ: Եւ Բակուրան տէրն Պապեռաւնին էր այր բարի եւ առատ, եւ բարեբարոյ առ ամենայն ոք, եւ սիրելի Աստուծոյ եւ մարդկան, որոյ յիշատակն աւրհնութեամբ եղիցի: Բակուրնայ եւ Վասակայ եղբայր մի այլ կայր Հալկամ անուն, եւ Վասակն է հայրն աւագ պարոնին:

Ի թուին ՈԺԶ տէր Գրիգորիս ծերացեալ էր յոյժ, վարելով զհովուապետութիւնն ըստ կամացն Աստուծոյ ամս ԾԴ. եւ ապա իբրեւ ազդեցութեամբ Հոգւոյն սրբոյ ժողով առնէր եպիսկոպոսաց, վարդապետաց, հարց վանականաց եւ բազում արանց սրբոց. եւ ձեռնադրէ զտիեզերալոյս եղբայրն իւր, զարքեպիսկոպոսն Ներսէս յաթոռ կաթողիկոսութեան Հայոց մեծաւ թախանձանաւք, քանզի նա հրաժարէր ի պատուոյն՝ անարժան վարկանելով զինքն աստուածային կոչմանն:

So [Mleh] arose and went to Nur-ad-Din, lord of Aleppo, and entered into his service. [Nur-ad-Din] gave him [the city of] Cyrrhus and its district. The wife of Step'ane', whose name was Rita, was the daughter of baron Smbat, lord of Paperon, brother of O'shin, ruler of Lambron, and the sister of Bakuran, who ruled Paperon following the killing of his father Smbat by T'oros' troops, as we mentioned earlier, at the gates of Mamistra. [Rita] took her children and went to her brother, Bakuran, at Paperon, where she settled and nurtured them. She was a pious, wise, and God-fearing woman. Vasak, a brother of Bakuran, was lord of the keep of Askur'os, Lamo'so, and those parts. Bakuran, lord of Paperon, was a good and generous man, well-disposed toward everyone, a lover of God and man. May his memory be blessed. Bakuran and Vasak had another brother, named Halkam, and Vasak was the father of the senior baron.

In the year 616 A.E. [1167] Lord Grigoris, who had grown extremely old and had held the patriarchate according to God's will for 54 years, as though under the influence of the Holy Spirit, [decided] to hold an assembly of bishops, *vardapets*, abbots of monasteries, and many [other] blessed men. [At this assembly] he ordained his renowned brother, Nerse's, to the Armenian *Catholicosal* throne. Nerse's [accepted] with great reluctance, as he had rejected the honor, regarding himself as unworthy of the divine calling.

Սա արար բազում երգս աստուածայինս եկեղեցւոյ, եւ վարէր զաթոռ հայրապետութեան ըստ կամացն Աստուծոյ, եւ էր այր սուրբ եւ զարդարեալ ամենայն բարեձեւութեամբ եւ կարգաւորութեամբ, առաքինութեամբ եւ ամենեւիմբ լցեալ գիտութեամբ եւ շնորհաւք Հոգւոյն սրբոյ: Եւ որպէս գետ յորդառատ վտակաւ բխէր, զի ոչ ոք յառաջնոց հայրապետացն գտաւ հանգոյն նմա, եւ ոչ յետ նորա եղեւ մինչեւ ի ժամանակս մեր. որ եւ եհաս համբաւ գիտութեան նորա ի Կոստանդինուպալիս առ թագաւորն Յունաց Կեռ Մանուիլն, եւ նա առաքեաց եւ խնդրեաց ի նմանէ զդաւանութիւն Հայաստանեայց եկեղեցւոյ, եւ նա գրեաց. զոր իբրեւ ետես թագաւորն եւ պատրիարգն եւ ամենայն իմաստունքն Յունաց՝ հաճեալ հաւանեցան ընդ ուղղափառ դաւանութիւնն Հայաստանեայց: Եւ առաքէ զայր ոմն իմաստասէր Թաւրիանէ անուն ի Հոռոմկլայն, որք խաւսեցան ընդ միմեանս աւուրս բազումս, եւ դարձաւ առ թագաւորն եւ պատմեաց նմա զանհաս գիտութենէ սրբոյն եւ զկատարեալ առաքինութենէն. ընդ որս բորբոքեալ թագաւորն ի սէր սուրբ հայրապետին, եւ առաքէ միւսանգամ յաղագս սիրոյ եւ միաբանութեան երկուց ազգացս բաժանելոց ի միմեանց ազդմամբ չարին, որոյ անկատար մնացեալ այս գործ աստուածային՝ յաղագս փոխելոյ սուրբ հայրապետին Ներսիսի յաստեացս:

He wrote many spiritual hymns for the church and administered the patriarchal throne according to God's will. He was a blessed man adorned with all good qualities and arrangements, virtuous and filled with all manner of learning and grace of the Holy Spirit. He resembled a river which flows with abundant streams, for none of the previous patriarchs had been like him. And none of his successors were either, up until our own time. The reputation of his learning reached the Byzantine emperor Manuel who requested from him [an account of] the confession of the Armenian church. [Nerse's] wrote this. When the emperor, the patriarch, and all the Byzantine savants saw this [document], they amiably approved of the orthodox confession of the Armenians. [The emperor] then sent a certain philosopher, named T'o'riane', to Hor'omkla. [T'o'riane' and Nerse's] spoke with each other for many days, and when [T'o'riane'] returned to the emperor he told him about the blessed man's fathomless knowledge and complete virtuousness. Roused by the account to affection for the blessed patriarch, the emperor sent again to effect friendship and unity between the two peoples who had been divided from each other through the influence of evil. However, this blessed work [of uniting the churches] remained unfulfilled owing to the death of the blessed patriarch Nerse's.

86. Ի թուին ՌԺԷ վախճանեցաւ մեծն Թորոս, որդի Լեւոնի, որդւոյ Կոստանդեայ, որդւոյ Ռուբինի, որ արութեամբ կալաւ զլեռնակողմն Տաւրոսի, եւ բազում գործս քաջութեան գործեաց ի բազում տեղիս, եւ բազում պատերազմաց յաղթեաց իւրով իմաստութեամբքն, որում ողորմեսցի Տէր: Իսկ ի ժամ վախճանին դնէր դաստիարակ տղային իւրոյ Ռուբինի՝ զիշխանն Թումաս, որ կալաւ զաշխարհն Թորոսի զամ մի:

Ի թուին ՌԺԸ առնու Մլեհն, եղբայրն Թորոսի աւգնութիւն ի Նուրըտնէն, որ էր տէր Հալպայ, եւ բազում Թուրքով եկն եմուտ յերկիրն Կիլիկեցւոց եւ տիրապետեաց իշխանութեան եղբաւրն իւրոյ, եւ բազում առ եւ աւար առին Թուրքերն: Եւ քինախնդիր լեալ հակառակացն իւրոց եւ գերփեալ տառապեցոյց զնոսա եւ մատնեաց բանտից եւ կապանաց, եւ ձեռնարկեալ յեպիսկոպոսունսն՝ ատամնաթափ առնէր, եւ ուր կասկածէր թէ գոյր ոսկի կամ արծաթ՝ յափշտակէր: Որ եւ զկանայս պարկեշտս եւ համեստս խայտառակէր եւ աղտեղի պոռնկութեամբ եւ անամաւթ լրբութեամբ ապականէր: Եւ լցաւ ոսկւով եւ արծաթով եւ յղփացաւ փարթամութեամբ ի զրկանաց անմեղաց: Եւ էր սա այր գազանամիտ, չարաբարոյ եւ անողորմ, եւ ատէին զնա ամենեքեան եւ ցանկային զերծանել ի նմանէ, այլ ոչ գտանէին առժամայն տեղի:

86. In the year 617 A.E. [1168] the great T'oros died. He was the son of Lewon, son of Kostandin, son of Ruben, who bravely held [his] area of the Taurus Mountains, displaying acts of bravery in numerous places and having won many battles through his wisdom. May the Lord have mercy on him. As he was dying, he designated prince T'umas as an administrator for his small son, Ruben. He ruled T'oros' land for one year.

In the year 618 A.E. [1169] T'oros' brother, Mleh, took aid from Nur-ad-Din, lord of Aleppo, and came with many Turks to the country of Cilicia. He mastered the principality of his brother and the Turks took much loot and booty. Showing vengeance to those who opposed him, he pillaged and despoiled them, put them into prison and fetters, arrested the bishops, and pulled out their teeth. Wherever he suspected that gold or silver existed, he seized it. He disgraced honest, modest women and polluted with loathsome prostitution and shameless lust. He filled up with gold and silver and wallowed in the luxuries of the innocent people he had despoiled. He had a bestial mentality, [and was] wicked and merciless, and everyone hated him and wanted to get rid of him. But they did not find an opportune moment.

Իսկ ի թուին ՈԺԹ ի յունիս ամսոյ ԻԹ, եղեւ շարժ սաստիկ եւ փլոյց զպարիսպն Անտիոքայ եւ Հալպայ. փլաւ եւ եկեղեցին որ յանուն սրբոյ Աստուածածնին եւ զբազումս եսպան: Իսկ յորժամ տիրեաց Մլեհն իշխանութեան եղբաւրն իւրոյ, փախեաւ Թումասն եւ գնաց յԱնտիոք: Եւ զտղայն Թորոսի առաքեցին ի հայրապետական աթոռն Հոռոմկլայն առ կաթողիկոսն, եւ անդ մեռաւ: Եւ որդի Աւշնին Հեթում որ ունէր զդուստրն Թորոսի, որպէս ասացաք յառաջագոյն, ի վերին երեսս ունէր զնա ի կենդանութեան Թորոսի, ոչինչ իշխէր առնել նմա: Իսկ զկնի մահուան հաւրն իւրոյ առաքեալ ի բաց եհան յիւրմէ. յաղագս որոյ զայրացեալ Մլեհն, գնաց պաշարեաց զաւրաւք զԼամբրունն եւ բազում նեղութիւն հասոյց ի բնակիչս նորա, քանզի վաղուց հետէ Ռուբինանք եւ Հեթմոնք մախային ընդ միմեանս. եւ այս եղեւ կրկին պատճառ խռովութեան նոցա, վասն որոյ եւ սաստկապէս նեղէր զնոսա պատերազմաւ եւ սովով:

87. Ի թուին ՈԻԲ սուրբ լուսաւորիչ հայրապետն տէր Ներսէս փոխի մահուամբ առ Քրիստոս, ժգն աւգոստոսի, սուգ մեծ թողլով եկեղեցեաց Հայաստանեաց. եւ գրէր ի կտակն իւր եւ պատուէր տայր նստուցանել յաթոռ նորա զորդի եղբաւրն իւրոյ երիցագունի Վասլի, զարքեպիսկոպոսն տէր Գրիգոր, մականուն Տղայ: Որ եւ արարին իսկ ըստ իւրում հրամանի, եւ ժողովով բազում եպիսկոպոսաց եդին զնա կաթողիկոս Հայոց:

In the year 619 A.E [1170] on June 29th a severe earthquake occurred which caused the walls of Antioch and Aleppo to collapse. It also demolished the church named for the blessed Mother of God, and many people were killed. Now once Mleh ruled over his brother's principality, T'umas fled to Antioch. And they sent the lad T'oros to the patriarchal see at Hor'omkla, to the *Catholicos*, where he died. O'shin's son, Het'um, who was married to T'oros' daughter as we mentioned earlier, highly respected [T'oros] during his lifetime and did not dare to do anything. But after the death of his father, he sent and removed himself [from Mleh]. As a result, Mleh was enraged. He went with his troops and besieged Lambron and inflicted great distress on its inhabitants. For a long time, the Rubenians and the Het'umians had held a grudge against one another. And this became yet another cause for conflict between them. Consequently [Mleh] fiercely afflicted them with warfare and famine.

87. In the year 622 A.E. [1173] on the 16th of August the blessed illuminator patriarch, Lord Nerse's, passed to Christ leaving the Armenian churches in great mourning. He had written in his will urging the enthronement of his senior brother Vasil's son, the archbishop Lord Grigor, nicknamed *Tgha*.[5] Doing as [Nerse's] had ordered, an assembly of many bishops seated him as Catholicos of the Armenians.[6]

5 *Tgha:* "The Lad".

6 Grigor IV Tgha, 1173-1193.

Եւ էր տէր Գրիգորիս այր սկայաձեւ եւ ահարկու տեսլեամբ, զուարթերես եւ առատասիրտ, լի իմաստութեամբ եւ գիտութեամբ եւ աստուածային շնորհաւք, հանճարեղ եւ իմաստուն ի խաւսս եւ ի դարձուածս բանից, եւ հմուտ հին եւ նոր կտակարանաց. որ եւ զարդարեաց զաթոռն սուրբ՝ պանծալի տաճարաւն, զոր կանգնեաց յանուն սրբոյն Գրիգորի, եւ զարդարեալ պայծառացոյց անաւթիւք պատուականաւք յոսկւոյ եւ արծաթոյ եւ յոսկեզաւծ զգեստուց, եւ այնքան փարթամացոյց զսուրբ տաճարն, մինչ զի որք զկնի նորա եղեն՝ հալեցին իւրաքանչիւր ոք յոսկեղինացն եւ արծաթեղինացն, եւ դեռ եւս ոչ կարէին սակաւեցուցանել: Արար եւ դամբարանս Գ ի հիմունս տաճարին եւ հանգոյց ի նոսա զնշխարս սուրբ հայրապետացն Գրիգորիսի եւ Ներսիսի եւ զնախնոյն իւրեանց զԳրիգորիսի Վկայասիրի, զոր եբեր ի գաւառէն Քեսնոյ ի Կարմիր վանացն: Եւ զկեանս իւր արքայակերպ վարէր, մեծամեծ տրիւք եւ առատ պարգեւաւք եւ բազմախորտիկ սեղանով: Մեռաւ յայսմ ամի տէրն Հալպայ Նուրըտինն, եւ նստաւ յաթոռն իւր Մելէք Սալեհն, որդին իւր:

Իսկ յետ Ե ամի տէրութեան Մլեհին, ի թուին Հայոց ՌԻԴ, իշխանքն Մլեհին խորհեցան խորհուրդս անաւրէնութեան եւ միաբանեալ սպանին զնա ի քաղաքն Սիս, յաղագս անհանգիստ բարուց իւրոց, եւ առաքեն ի Պապեռաւնն եւ կոչեն զաւագ որդին Ստեփանէի զՌուբէն՝ դնել յաթոռ նախնեաց իւրոց: Զոր անդանդաղ առաքեաց քեռին իւր Բակուրան բազում գանձիւք ոսկւոյ եւ արծաթոյ. եւ եկեալ Ռուբէն տիրեաց հայրենեաց իւրոց, եւ հնազանդեցան նմա իշխանքն Հայոց յաւժարութեամբ:

Lord Grigoris was a man of gigantic stature and awe-inspiring appearance, with a happy face and a generous soul, full of wisdom and learning and divine grace, brilliant and sagacious in speech and style, and learned in the Old and New Testaments. And with [these skills] did he adorn the blessed [Catholicosal] throne in the temple which was erected in the name of Saint Gregory. He adorned it and made it glitter with sacred vessels of gold and silver, and vestments sewn with gold [thread]. He made the blessed temple so resplendent that none of his successors, though they melted down the gold and silver items, were able to reduce [the majesty of the church]. He also made three crypts in the temple and placed in them the remains of the blessed patriarchs Grigoris and Nerse's and their predecessor, Grigoris Vkayase'r, which he brought from the district of Kesoun to the Red monastery. He lived in a royal manner [dispensing] great sums and generous gifts, and keeping a sumptuous table. In this year Nur-ad-Din, lord of Aleppo, died and his son, Malik Saleh, occupied his throne.

Now after five years of Mleh's rule, in the year 624 A.E. [1175], his princes hatched an impious plot. They united together and killed him in the city of Sis because of his disruptive ways. Then they sent to Paper'o'n and summoned Stefane's son, Ruben, in order to seat him on the throne of his ancestors. He immediately sent his sister's brother, Bakuran, with many gold and silver treasures. Then Ruben[7] came and ruled his patrimony, and the Armenian princes gladly submitted to him.

7 Ruben III, 1175-1186.

Եւ էր սա երիտասարդ բարեմիտ եւ առատաձեռն, տեսլեամբ գեղեցիկ, ամաց Լ, ի զինուորութիւնս արիագոյն եւ աջողակ ի նետաձգութիւն: Եւ սկսաւ տալ պարգեւս ամենեցուն առատապէս, եւ զժողովեալ գանձս Մլեհին սկսաւ սփռել ի պէտս եւ յանպէտս, եւ առատապարգեւ սեղանով զամենեցուն սիրտ եւ զոգի յինքն յանգոյց, եւ ուր դիմէր նոքաւք՝ քաջապէս մղէր զհոյլս թշնամեացն, որով էառ զՄսիս, զԱտանա եւ զՏարսուս: Իսկ ի սկիզբն իշխանութեան իւրոյ արար մեծագոյն պատիւս իշխանաց իւրոց, եւ շնորհակալեցաւ ամենեցուն սակս երախտեացն զոր արարին նմա եւ սպանին զհաւրեղբայրն իւր եւ հաստատեցին զնա ի տեղի նախնեացն իւրոց: Նա եւս առաւել այնոցիկ բարիս խոստանայր որոց ձեռամբ սպանաւ հաւրեղբայրն իւր՝ եթէ ծանիցէ զնոսա: Եւ յարեան արք երկուք խաբեալք յիմարութեամբ, եւ ասեն՝ մեք սպանաք ձեռաւք մերովք զնա յաղագս սիրոյ քո. եւ նա յոյժ շնորհակալ եղեւ նոցա. եւ ապա հրամայէ կապել վէմս ի պարանոց նոցա եւ ձգել ծածկաբար ի գետն, որոց էին անուանքն միոյն Ջահան եւ միւսոյն Ապլղարիպ, որ էր ներքինի: Եւ իբրեւ հաստատեցաւ յիշխանութիւն իւր Ռուբէն՝ սկսաւ նեղել զԼամբրունն պատերազմաւ եւ աղարիւ զամս Գ եւ յոյժ տառապեցոյց զնոսա վասն հին մախանացն զոր նախկի ունէին ընդ միմեանս այլ ոչ կարաց առնուլ:

He was a young man of thirty years, benevolent, generous, and attractive, brave in battle and a skilled bowman. He began by generously giving gifts to everyone and started to distribute the treasures that Mleh had accumulated to the needy, and with a bountiful table he inclined everyone to him, heart and soul. Wherever he went with them, he bravely pushed back the bands of the enemy, thus taking Mamistra, Adana and Tarsus. At the commencement of his rule he gave very great gifts to his princes in thankful gratitude for what they had done by killing his father's brother and establishing him in the place of his ancestors. He promised further good things to those who had actually slain his uncle, if he could determine who they were. Two men, deluded by their stupidity, came forward and said: "We killed him with our own hands out of love for you." And [Ruben] was extremely thankful to them. But [later] he ordered that rocks be attached to their necks and that they secretly be thrown into the river. Their names were Jahan and Aplgharib (who was a eunuch). Once Ruben had consolidated his rule he began to harass [the fortress of] Lambron with battle and siege for three years. And he put them into dire straits owing to the old rancor which [the Rubenids and the Het'umids] had between them. But he was unable to accomplish anything.

88. Ի թուին ՈԻԵ Խլիճ Ասլան սուլտանն յԻկոնիոյ խանգրեաց զՅունաց թագաւորն յայնկոյս յԻկոնիոյ առաջի աւերեալ բերդին որ կոչի Մելիտինէ, եւ կալեալ զթագաւորն եւ դարձեալ եթող՝ ուխտ եւ դաշինս սիրոյ հաստատեալ ընդ նմա։

Ի թուին ՈԻԶ մեռաւ Կեռ Մանուիլն, թագաւորն Յունաց, եւ նստաւ յաթոռ նորա Ալեքս որդի նորա։

Ի թուին ՈԻԷ յարեաւ Անդրոնիկէ հակառակ Ալեքսին, սպան եւ ինքն թագաւորեաց։

Ի թուին ՈԻԹ սպանաւ Անդրոնիկէ եւ թագաւորեաց Անկելաւսն։

Ի թուին ՈԼ գնաց պարոն Ռուբէն յԵրուսաղէմ բազում ծախիւք, եւ առ իւր կին զդուստր տեառն Քարաքոյ եւ դարձաւ. եւ Լեւոն եղբայր նորա երկուցեալ ի նմանէ յաղագս ոմանց չարախաւսաց, որք ասէին ընդ Ռովբէն թէ խորհի Լեւոն յառնել հակառակ քեզ, եւ գնաց փախստական ի Տարսուս, եւ անտի նաւեալ գնաց ի Կոստանդինուպալիս, եւ զաւրութիւն աստուածային պահեաց զնա անդ, եւ ընկալաւ բազում մեծարանս եւ սէր ի թագաւորէն։

Ի թուին ՈԼԱ դարձաւ Լեւոն ի Կոստանդինուպալսէ եւ եկն առ եղբայրն իւր Ռովբէն, եւ նա սիրով ընկալաւ զնա, եւ ետ նմա զԿապան բերդն։ Իսկ Ռովբէն պարապեալ վաւաշ ցանկութեանց եւ պոռնկական խորհրդոց, եւ այնր աղագաւ գնաց յԱնտիոք, եւ բրինձ Պեմունդն կալաւ զնա եւ եդ ի բանտի եւ իշխանքն որ ընդ նմա էին՝ մազապուրծ զերծեալք գնացին ի տունս իւրեանց։

88. In the year 625 A.E. [1176] Sultan Kilij-Arslan of Iconium defeated the Byzantine emperor on the other side of Iconium, before the ruined fortress called Melitene. He seized the emperor and again left him, having established friendship with him through an oath and treaty.

In the year 626 A.E. [1177] Manuel,[8] emperor of the Byzantines, died and his son, Alexius[9] was seated on his throne.

In the year 627 A.E. [1178] Andronicus[10] arose against Alexius, killed him, and ruled in his stead.

In the year 629 A.E. [1180] Andronicus was slain and Angelus[11] ruled.

In the year 630 A.E. [1181] baron Ruben went to Jerusalem with much expense, took as a wife the daughter of the lord of K'arak', and then returned. His brother, Lewon, distrusting him due to the slander of some evil people who had told Ruben that Lewon was going to rise up against him, went as a fugitive to Tarsus and thence to Constantinople. Divine power protected him there and he received much honor and affection from the emperor.

In the year 631 A.E. [1182] Lewon returned from Constantinople and came to his brother, Ruben, who received him with affection and gave him the fortress of Kapan. Now Ruben occupied himself fulfilling his lascivious desires and so he went to Antioch to the prostitutes. Prince Bohemond seized him and put him into prison, while those princes who were with him escaped by a hairsbreadth and went to their own homes.

8 Manuel I Comnenus, 1143-1180.

9 Alexius II Comnenus, 1172-1180.

10 Andronicus I, 1182-1183, 1183-1185.

11 Isaac I Angelus, 1185-1195.

Եւ այս այսպէս գործեցաւ ի թուին ՈԼԴ: Ապա առաքէ Ռովբէն ի քեռին իւր Բակուրան, յղել պանդանտ զի դիցէ փոխանակ իւր առ բրինձն, եւ ինքն ելեալ տացէ զգին անձին իւրոյ: Եւ Բակուրան առաքեաց զքոյրն իւր եւ զմայրն Ռովբինի, եւ այլս յազգայնոցն իւրոց, եւ կտրեաց Ռովբէն զգին անձին իւրոյ զՍարվանդիքարն, զԹիլն եւ զՃկերն, եւ Ռ դա-հեկան. եւ արձակեաց զնա բրինձն, եւ եկն յերկիր իւր, եւ ետ զոր խոստացաւն եւ ազատեաց զպանդանտսն:

89. Ի թուին ՈԼՋ մեռաւ Ռովբէն, եւ էառ զիշխանու-թիւնն եղբայրն Լեւոն, բարեբարու եւ աննենգ, եւ ոչինչ պատճառի եղեւ վրէժխնդիր ումեք, այլ յԱստուած ապա-ւինեալ յորմէ եւ յաջողեալ ուղղեցաւ իշխանութիւն նորա: Եւ էր սա այր իմաստուն եւ հանճարեղ, ձիավարժ հմուտ եւ ի զինուորութիւնս քաջասիրտ եւ արիագոյն յամենայն գործ բարութեան ի մարդկայինսն եւ յաստուածայինսն՝ արագ եւ զուարթերես: Զայսու ժամանակաւ տիրէր Հալ-պայ եւ Դամասկոսի եւ Եգիպտոսի Յուսէփ, որդի Այուպին որ կոչեցաւն Սալահատին:

This had occurred in the year 634 A.E. [1185]. Ruben sent to his uncle Bakuran for him to send hostages to the prince in place of himself, so that he could go and get the ransom for himself. Bakuran sent his sister and Ruben's mother and others of his relations. Ruben agreed that his ransom would consist of [the surrender of] Sarvandikar, T'il, and Chker in addition to 1,000 dahekans. The prince released him, he came to his own country, delivered up what he had agreed to, and secured the release of the hostages.

89. In the year 636 A.E. [1187] Ruben died and his brother, Lewon, ruled the principality. He was a benevolent, ingenuous man without a grudge toward anyone, who took his refuge in God and guided his principality accordingly. He was a wise, brilliant man, a skilled horseman, brave-hearted in battle, with attention to human and divine charity, energetic and happy of countenance. In this period Aleppo, Damascus, and Egypt were ruled by Yusuf, son of Ayyub, who was called Saladin.

Սոքա Բ եղբարք էին ի գաւառէն Դւնայ, Քուրդ շինականի որդիք որ կոչէր Այուպ, եւ որդւոցն միոյն Յուսէփ եւ միւսոյն Յէտլ, որք եկեալ յաշխարհէն իւրեանց յաղագս գինըմպութեան եւ ճորտացան Նուրըտնին Հալպայ տիրոջն, եւ նա գթացեալ ի նոսա եւ տայր նոցա ողորմութիւն փոքր փոքր, եւ նոքա ծառայէին զնա մտերմութեամբ, եւ աւրըստաւրէ յառաջեալ հասին ի փոքր մի կարողութիւն, եւ զոր ինչ անկանէր նոցա՝ ուտէին եւ ըմպէին ընդ ամենեսեան. եւ այսր աղագաւ սիրեցան յամենեցունց, եւ թագաւորեցին այսքան իշխանութեան եւ աշխարհի. եւ մեծացաւ յոյժ Սալահատինն, եւ եղեւ այր գոռոզ եւ պատերազմող, եւ սկսաւ եղջիւր ածել քրիստոնէից, եւ զաւրացաւ աւրըստաւրէ առաւել քան զառաւել, եւ իմաստութեամբ խորագիտութեան իւրոյ քանդեալ տապալեաց եւ եբարձ միահաղոյն զզաւրութիւնս քրիստոնէից յամենայն սահմանս իւր: Ի սոյն ամի գնացեալ Սալահատինն ի վերայ թագաւորին Երուսաղեմի, եւ թագաւորն եւ Ֆրանգնին ծովեզերեայցն եւ կոմսն Տրապաւլսոյ եւ Ֆրերքն խաչազգեստք առ հասարակ բանակեցան ընդդէմ Սալահատնին: Եւ էին զաւրքն Ֆրանգնոյն բանակեալ ի վերայ բլրոյն, եւ անաւրէնքն վտանգէին ի ջրոյ. իսկ աստուածուրաց կոմսն Տրապաւլսոյ առաքէ առ Սալահատինն եւ ասէ. զի՞նչ խոստանաս տալ ինձ զի յարուցից զբանակս քրիստոնէից եւ նստուցից յանջրդի տեղւոջ, զի դու զաւրաւք քո բանակեսցես ի վերայ ջրոյն:

They were two brothers from the district of Dwin, sons of a Kurdish peasant named Ayyub, one was named Yusuf and the other, 'Adil. They left their country on account of drink, and went into the service of Nur-ad-Din, lord of Aleppo. He pitied them and gradually had mercy on them, and they served him devotedly. Day by day they advanced until they achieved some power. Whatever came to them they shared with everyone, food and drink, and for this reason they were liked by everyone. And they came to rule with great authority over extensive lands. Saladin was a rough and warlike man who began to grow hostile toward the Christians. He grew stronger by the day, and through his clever cunning he pulled apart and destroyed the united strength of the Christians throughout his realm. In this year Saladin went against the king of Jerusalem. The king and the Franks of the coastal areas, the count of Tripoli, and the Frères with their cross-emblazoned clothing, came together and encamped against Saladin. The Frankish troops were encamped on a hill and the infidels threatened their water [supply]. Well the God-denying count of Tripoli sent to Saladin, saying: "What will you promise to give me if I relocate the Christian army to a waterless place? You and your troops could go and encamp where you have control over the water."

Եւ նա խոստացաւ նմա զանձս բազումս հաստատեալ գրով։ Ապա անաւրէն կոմսն սկսաւ խորհուրդ տալ թագաւորին եւ գլխաւորացն եւ ասէ. ոչ է բարիոք մեզ աստ կեալ, այլ եկայք ելցուք աստի եւ բանակեսցուք ի լեռնակողմն, եւ հաստատեսցուք զթիկունս մեր յամրոցսն։ Եւ հաւատացոյց զամենեսեան ի խոտորնակ բանս իւր. եւ իբրեւ յարեան անտի քրիստոնեայքն՝ բանակեցաւ սուլտանն անդ ի վերայ ջրին, եւ քրիստոնեայքն այլ ոչ կարէին ըմպել ջուր, եւ կային ի մեծ նեղութիւն եւ ի տարակուսի, եւ ոչ գտանէին ելս իրացն. ապա յուսահատեալք եդին զանձինս ի մահ եւ դիմեցին ի պատերազմ։ Եւ իբրեւ յարդարեցին կողմն զճակատ պատերազմին, անաւրէն կոմսն Տրապաւլսոյ զատեալ բաժանեցաւ գնդիւն իւրով ի քրիստոնէիցն, եւ եղեւ այն բեկումն քրիստոնէիցն։ Իսկ նոքա զմահ յանձն առեալ խառնեցան ի միմեանս, եւ ի յերկարել պատերազմին՝ պարտեցան քրիստոնեայքն, եւ լքեալ լուծան ի ծարաւոյն մարդ եւ անասուն։ Եւ էր տապ եւ խորշակ յոյժ, եւ զաւրացան ձեռք այլազգեացն եւ կոտորեցին զամենեսեան։ Եւ յայնժամ թագաւորն եւ այլք ի զաւրացն ամրացեալ կային ի վերայ բլրաձեւ գագաթան միոյ, եւ խնդրեաց ի սուլտանէն զի տարցէ զնա առ ինքն, եւ նա առաքեաց վաղվաղակի եւ եբեր։

And [Saladin] promised him numerous treasures and confirmed it in writing. So the impious count began to advise the king and the chiefs, saying: "It is not convenient for us to remain here. Rather, let us arise and encamp in a mountainous area where we can secure our flanks." He convinced all of them to accept his devious plan. As soon as the Christians moved, the sultan encamped above the water [supply], and the Christians thereafter were unable to drink the water. They were in dire straits and in crisis and were unable to find a way out [of their difficulty]. Hopelessly they applied themselves to battle, preparing to die. Once assembled on the battlefield, the impious count of Tripoli detached his brigade from the Christians, and that broke them. Facing death, they engaged in battle and, as the battle lengthened, the Christians were defeated, with man and beast prostrated from thirst. It was extremely dry and hot, and the hands of the infidels were strengthened, and they killed everyone. At that time the king and others of his forces were secured on the summit of a hill. [The king] asked the sultan that he be taken to him. [The sultan] immediately sent and had him brought forth.

90. Եւ յորժամ գայր թագաւորն՝ յարեաւ սուլտանն ընդ առաջ եւ խոնարհեալ երկիր եպագ թագաւորին, եւ գիրկս արկեալ համբուրեաց զնա, եւ առեալ զձեռանէն եմոյծ ի խորանն եւ նստոյց ի վերայ բարձի, եւ ինքն խոնարհութեամբ նստաւ առաջի նորա եւ ասէ. սուրբ թագաւոր Ո՛ւ բարի եկիր ի տուն եղբաւր քո, մի՛ ինչ տրտմիր զի այսպէս է սահման զինուորութեան, երբեմն յաղթիլ եւ երբեմն յաղթել, եւ դու ես արդար եւ ճշմարիտ եւ երդմընապահ թագաւոր, եւ ես գոհ եմ ի վերայ ուղղութեանց քոց, վասն որոյ մազ մի ի գլխոյ քումմէ մի՛ պակասեցէ, եւ վասն քո՝ բազմաց ողորմութիւն արարից, եւ վասն սիրոյ քո զբազումս ազատեցից: Եւ մինչ յայս բան էին՝ բերին առաջի նորա զԸռնաղտ բրինձն Տրապալսոյ, եւ թագաւորն յարեաւ իբրեւ ետես զնա, եւ յարեաւ սուլտանն վասն թագաւորին, եւ ասէ սուլտանն ընդ Ըռնաղտ բրինձն Տրապալսոյ որ տուր տուեաց զթագաւորն. ով անհաւատ, ես ոչ յառնեմ վասն քո, այլ վասն թագաւորիդ:

Եւ ասէ բրինձն. եւ ես քեզ չեմ շնորհակալ, այլ թագաւորիս:

Եւ թագաւորն ջուր խնդրեաց, եւ հրամայեաց սուլտանն բերել ոսկի բաժակաւ ըմպել ի վարդի խառնեալ ընդ ջուր եւ ընդ ձիւն. եւ առեալ սուլտանն ըմպեաց սակաւ որպէս թէ չաշնեկիր, եւ մատոյց թագաւորին, եւ թագաւորն առեալ էարբ զկէսն եւ ետ ի բրինձն Տրապալսոյ, եւ նա էարբ:

90. When the king arrived in the sultan's presence, [the sultan] knelt and prostrated himself before the king, embraced and kissed him, took him by his hand and led him into the tent, seated him on a cushion, and himself sat humbly before him. [Saladin] said: "Blessed king, a thousand welcomes. You have entered the home of your brother. Be not saddened, for such is the nature of military activities, sometimes to be defeated, and sometimes to defeat [others]. You are a just, righteous, and oath-keeping monarch, and I am pleased at your behavior. Therefore, I will not take a hair from your head, and because of you I will display great mercy and free many." While they were so engaged, Renaud, prince of Tripoli was brought before him, and the king got up when he saw him, and the sultan also arose because the king had done so. Renaud, prince of Tripoli, greeted the king and the sultan said to him: "Oh faithless one, I did not arise for your sake, but because of your king."

And the prince replied: "And I am not grateful to you, but to the king."

Then the king requested water, and the sultan ordered that a golden goblet be brought containing water mixed with rose water and snow. The sultan took the goblet and drank some of it first, so that it would not be suspect, and then he offered it to the king. The king took it and drank half, then gave it to the prince of Tripoli who also drank.

Եւ ասէ սուլտանն ընդ բրինձն. ես ոչ տամ զըմպելիդ քեզ, այլ թագաւորիդ.

եւ բրինձն ասէ ընդ սուլտանն. եւ ես քեզ չեմ շնորհակալ, այլ՝ թագաւորիս:

Եւ ասէ սուլտանն ընդ բրինձն. անհաւատ, քանի՞ցս անգամ երդուեալ ես դու ինձ եւ եղեալ զհաւատդ գրաւական, եւ ոչ պահեցեր զուխտն որ ընդ իս, այլ գերեցեր եւ սպաներ զայդքան բազմութիւն, եւ առեր զգանձն իմ ի ճանապարհն Դամասկոսի, եւ այլ բազում հեղմունս արեան արարեր ի Սեռսիմ եւ ոչ յիշեցեր զերդումն, արդ այժմ զի՞նչ ունիս տալ ինձ պատասխանի:

Եւ բրինձն պատասխանի տուեալ ասէ ընդ սուլտանն Սալահատինն՝ թէ շատ մի՛ հաչես, արա զկամս քո, ես զիմ արեանս վճարն Խ ամաց յառաջ առեալ եմ ի Մսլմանաց, եւ այսուհետեւ ոչինչ տամ վասն մահուան իմոյ: Եւ ակնարկեալ սուլտանն սպասաւորացն, եւ նոքա կալեալ զոտից եւ զձեռաց նորա առաջի սուլտանին, եւ նա հանեալ զսուրն պողովատիկ, էարկ ի վերայ միջաց նորա, եւ սպասաւորքն սպանին վաղվաղակի. եւ զայն տեսեալ թագաւորն տրտմեցաւ յոյժ. եւ ասէ սուլտանն, մի՛ տրտմիր ընդ կորուստ անհաւատին քո:

The sultan said to the prince: "I did not give it to you to drink, rather to your king."

And the prince replied to the sultan: "I do not thank you, but the king."

Then the sultan said to the prince: "Faithless one, how many times have you sworn [oaths] to me and given me written assurances, and then not kept those pledges you made me? Instead, you engaged in slave-taking and killed a great multitude [of people]. You took my treasures on the road to Damascus, and caused much bloodshed in Ser'sim, and did not remember your pledge. Now what answer will you give me?"

The prince responded to Sultan Saladin: "Don't bark so. I did your bidding, and I took vengeance for [events] which occurred 40 years ago when my [people's] blood was shed by the Muslims. Henceforth I will give nothing for my death." The sultan signaled his attendants and they bound [the prince] hand and foot before the sultan. He unsheathed a sword of steel, threw it onto [the prince's] back, and the attendants immediately killed him. When the king saw this, he was greatly saddened. The sultan said to him: "Be not saddened over the loss of one unfaithful to you."

Եւ ապա բերին զՖրերքն մայստռին հանդերձ եւ կացուցին առաջի նորա, եւ ասէ սուլտանն ընդ մայստռն. ո՛վ պատուական գլուխ եղբարց քոց, թէպէտ եւ զբազումս զաւրաց մերոց կոտորեցիք, այլ ես սիրեմ զձեզ վասն քաջութեան ձերոյ, արդ ուրացարուք զհաւատս ձեր եւ դարձիք ի կրաւնս մեր, եւ տաց ձեզ պարգեւս եւ պատիւս եւ ամենայն մեծամեծաց իմոց գերագոյն կարգեցից զձեզ, մանաւանդ զքեզ։

Պատասխանի ետ մայստռն եւ ասէ. ես, ով մեծ սուլտան, յաւժարութեամբ զկամս քո առնեմ, ապա թէ հրամայեսցես՝ խաւսիմ ընդ եղբարս իմ, եւ յորդորեմ զամենեսեան ի կամս քո։ Եւ նա ետ հրաման եւ ասէ. որ արասցէ զկամս իմ՝ կեցցէ, եւ որ ոչ լուիցէ՝ սրով սատակեսցի։

91. Եւ ժողովեաց մայստռն զամենեսեան եւ ասէ. ով եղբարք, ահա աւուրք փրկութեան հոգւոց մերոց որով շահեսցուք զարքայութիւն, աղաչեմ զձեզ, միաբան եւ անքակտելի կացէք ի սէր Քրիստոսի. խառնեսցուք այսաւր զարիւնս մեր ընդ փրկական արեան նորա, մի՛ երկիցուք ի սպանողաց մարմնոյս, այլ ի հոգւոյ եւ ի մարմնոյ իշխողէն, եւ մի խաբեսցէ զմեզ մեծութիւն անցաւորիս. եւ այլ բազում բանս խաւսեցաւ ընդ նոսա ի գրոց սրբոց, եւ պնդեաց զնոսա ի նոյն հաւատն մեռանել։

Then they brought in the Frères with their magister and set them before him. And the sultan said to the magister: "Oh honorable chief of your brothers, although you have killed many of our troops, I like you because of your bravery. Now, apostatize your faith and convert to our religion, and I shall give you gifts and honors, and I will rank your men, and especially you, higher than all my grandees."

The magister replied: "Oh great sultan, I will gladly do your bidding, if you order that I may speak with my brothers and urge them all to comply." And [Saladin] gave such an order and told him: "If you do my bidding you shall live, but if you do not heed me, you will perish by the sword."

91. Then the magister assembled everyone and said: "Oh, brothers, lo the days of the salvation of our souls have arrived by which we shall inherit the kingdom. I beseech you to remain united and indivisible in the love of Christ. Today let us mingle our blood with His saving blood. Do not fear the killers of the body, but rather the ruler of the soul and the body, and let us, transitory beings, not obstruct our [spiritual] greatness." He said many other things to them from sacred writings, and urged them to die for the same faith.

Եւ գնաց առ սուլտանն եւ ասէ. են որ հնազանդ են հրամանաց քոց, եւ են որ հակառակք, արդ հրամայեա բե- րել առաջի քո:

Եւ իբրեւ եկին՝ սկսաւ հարցանել մի ըստ միոջէ, եւ նո- քա ոչ հաւանեցան, եւ հհրամայեաց սպանանել զնոսա.

եւ ապա ասէ ընդ մայստռն. եւ դու զի՞ հայիս տալ զդաւանութիւն մեր:

Եւ մայստռն լցեալ զբերան իւր եթուք յերեսս սուլտա- նին յաղագս զայրանալոյ եւ սպանանելոյ վաղվաղակի, զի ժամանեսցէ հոգեւոր որդւոց իւրոց.

եւ ասէ ընդ սուլտանն. ե՛ս զամենեսին ի մահն յորդո- րեցի զի եւ կենացն վերին հասանիցեն, ես զիա՞րդ ա- րարից զկամս քո:

Եւ հրամայեաց սուլտանն եւ զնա սպանանել. եւ յոր- ժամ սպանին՝ լոյս յերկնից էջ ի վերայ նոցա Գ աւր, յա- մաւր եւ ի նախատինս անհաւատիցն եւ ի պարծանս հա- ւատացելոցն: Եւ յորժամ այս այսպէս կատարեցաւ, ա- զատեաց սուլտանն զթագաւորն բազում պարգեւաւք եւ զորս նորա էին: Եւ հրամայեաց զի ամենայն Երուսաղե- մացիքն տացեն իւրաքանչիւր գլխոյ իւրում մի դահեկան եգիպտացի, եւ զինչ կարասցէ անձամբ իւրով առցէ ի տանէ իւրմէ եւ գնասցէ խաղաղութեամբ, եւ որ ոք կամեսցի անդ կեալ՝ տացէ ի տարին գլխոյ իւրում մի դահեկան կարմիր:

Then he went before the sultan and said: "There are those who will comply with your commands and those who are opposed. Order them brought before you."

When they had come in, [the sultan] began to question them one by one and those who did not agree [to become Muslim] he ordered killed.

Then he said to the magister: "And how do you look upon our faith?"

Then the magister filled his mouth and spit into the sultan's face to infuriate him and cause him to slay him immediately so that he could join his spiritual sons.

[The magister] said to the sultan: "I urged all of them to choose death in order to achieve the supreme life. Why should I be the one to do your will?"

So the sultan ordered that he too be killed. And when they killed him, a heavenly light descended upon them for three days, to the shame and disgrace of the unbelievers and to the pride of the believers. When this had occurred, the sultan freed the king with many gifts and also those who were with him. Then he ordered that each of the Jerusalemites give him one Egyptian dahekan, take what he needed from his home, and depart in peace. Those who wanted to remain there would provide one red dahekan.

Բազումք կացին եւ բազումք ելեալ գնացին, եւ ինքն Սալահատինն էառ զԵրուսաղէմ ի ձեռս իւր, եւ զգաւառս նորա, եւ հետէ ի հետ էառ զամենայն ծովերզերսն եւ զգաւառն Անտիոքու. եւ դողային յերկեղէ նորա ամենայն քրիստոնեայքն: Ի սոյն ամի թուրքման ոմն Ռստոմ ա-նուն ժողովեաց անթիւ Թուրքման եւ եմուտ յաշխարհն Կիլիկեցւոց եւ խրոխտայր բառնալ զանուն քրիստոնէից. եւ գնաց մինչեւ ի Սիս, եւ բանակեցաւ առաջի քաղաքին յՌաւինն, եւ ծածկեաց զերեսս երկրի անհամար բազմու-թեամբ: Եւ յայնժամ աստուածազաւրն Լեւոն Լ մարդով պատերազմեցաւ ընդ նմա եւ ընկէց յառաջագոյն զգլխա-ւորն նոցա զՌոստոմն. եւ դարձան ամենեքեան ի փա-խուստ, որոց զհետ մտեալ կոտորեաց զնոսա մինչեւ ի քարն Սարվանդաւի, բայց ասէին թէ մարմնաւոր տեսլ-եամբ եւ զգալի աչաւք Բ զաւրականք իջին ի բերդէն Սիսոյ եւ կոտորեցին զնոսա, որ ասի սուրբն Գէորգ եւ սուրբն Թորոս:

Ի թուին ՈԼԷ սպանաւ մեծազգի իշխանն սիր Պաղ-տին գունդուստապլն ի բերդն Պռականա, որ գնացեալ էր գողանալ զբերդն: Իսկ զկնի Բ ամսոց էառ գողութեամբ զՊռականա Լեւոն, եւ էսպան զբերդաւագն զՏիփլի ամի-րա, որ սպանեալ էր զՊաղտինն, եւ ոգի ԲՃ Թուրք:

Many remained, and many arose and departed. And Saladin took control of Jerusalem and its [surrounding] district, and gradually he took the entire coastal area and the district of Antioch, and all the Christians trembled out of fear of him. In the same year a certain Turkmen named Rustom massed countless numbers of Turkmens and entered the land of Cilicia, threatening to eliminate the name of Christianity. He went as far as Sis and encamped opposite the city of R'awin, covering the face of the earth with his innumerable multitude. Then the divinely-strengthened Lewon fought with him with 30 men and immediately downed their leader, Rustom, while the rest took to flight. [Lewon's forces] pursued and killed them as far as Sarvandikar. They say that Saint Ge'org and Saint T'oros, physically visible to the eye, descended from the fortress of Sis and killed [the Turkmens].

In the year 637 A.E [1188] the noble prince Sir Baudoin, the constable, was killed at the fortress of Pr'akana which he had gone to capture. Two months later Lewon took Pr'akana through theft, and killed the chief of the fortress, Emir Tip'li, who had slain Baudoin, as well as 200 Turks.

Զայսու ժամանակաւ որդիքն Չորտուանիլի Սասնցոյ, որդիք քուեր տէր Գրիգորոյ կաթողիկոսին Հայոց առ Լեւոն կային, արք բարետեսիլք, որոյ երիցագունին Հեթմոյ ետ Լեւոն զաւագ դուստր եղբաւրն իւրոյ Ռուբինի՝ զանուանեալն Ալիծ, եւ ետ նոցա զքաղաքն Մսիս, եւ Շահնշահին զՍելեւկիա: Եւ կրտսեր դուստրն Ռուբինի Ֆիլիպն կայր առ մայրն Լեւոնի: Էառ եւ Լեւոն կին յԱնտիոքայ, զդուստր եղբաւր տիկնոջ բրնծին, զոր ետ տիկինն յաւժարութեամբ եւ Լեւոն ուրախութեամբ էառ վասն երկիւղի բրնծին, յորմէ կասկածէին համապազ որպէս զի տիկինն վասն ազգականութեան կնոջն Լեւոնի պահեսցէ զնա ի չարէ բրնծին, որպէս եւ եղեւն իսկ:

92. Ի թուին ՈԼԸ ելաւ թագաւորն Ալամանաց բազում զաւրաւք եւ եկն ի Կոստանդինուպալիս, եւ էանց ի յԻկոնիա եւ էառ զնա, եւ կոտորեաց զզաւրս Խլիճ Ասլանին, եւ ետ Խլիճ Ասլանն պանդանտս նմա գլխաւորս Լ եւ ՃՌ դահեկան, եւ արար սէր ընդ նմա. եւ եկն կայսրն մինչեւ ի Սելեւկիա. եւ զի էր ամառն եւ տապ տաւթոյն յոյժ, եմուտ թագաւորն ի գետն լողանալ, եւ յաղթեալ ի ջուրցն բազմութենէ, զի էր այր ծեր, եւ խեղդեցաւ անդ: Բայց ասի թէ յառաջագոյն գուշակեալ էին նմա թէ ի ջրոյ մեռանիցիս, վասն այնր զայնքան երկայնաձիգ ճանապարհն ընդ ցամաք եկն: Իսկ որդի նորա գնաց մինչեւ յԱքքա, եւ զկնի Զ ամսոյ անտ մեռաւ, եւ զաւրք նորա ցրուեալ գնացին:

In this period the sons of Choruanil of Sasun, sons of the sister of Lord Grigor, Catholicos of the Armenians, were with Lewon. They were attractive men. Lewon gave to the senior one, Het'um, the eldest daughter of his brother, Ruben, named Alice. He also gave them the city of Mamistra and to [the brother] *Shahnshah* he gave [the city of] Selewkia. Phillipa, the younger daughter of Ruben, was with Lewon's mother. Lewon also took for a wife the daughter of the brother of the wife of the prince of Antioch, whom the woman willingly gave [in marriage]. Lewon gladly took her since he feared the prince and had always distrusted him and felt that having a wife who was the prince's relative would preserve him from any wickedness on the prince's part. And indeed, this turned out to be the case.

92. In the year 638 A.E. [1189] the king of the Germans[12] arose with many troops and came to Constantinople. He passed [the city of] Iconium and captured it, and destroyed the forces of Kilij-Arslan. Kilij-Arslan gave him as hostages 30 of his principals and 100,000 dahekans and made friendship with him. The emperor went as far as Selewkia. Since the summer was extremely hot, the king went into the river to bathe but was overwhelmed by the volume of water, for he was an old man. And he drowned there. It is said that in advance of this it had been foretold him that he would die in the water, and for that reason he had undertaken such a lengthy journey by land. Now his son[13] went as far as Acre, and after six months he died there. His troops dispersed and departed.

12 Frederick Barbarossa.
13 Frederic de Souabe.

Իսկ ի թուին ՈԽ եկն թագաւորն Ֆռանգաց նաւովք յԱքքա բազում զաւրաւք եւ պաշարեաց զնա, եւ եկն Սալահատինն, քանզի նորա էր քաղաքն, եւ բանակեցաւ ընդդէմ նոցա. եւ զաւրքն Ֆռանգաց փորեցին շուրջ ինքեանց Գ խանդակս եւ ամրացան յոյժ, եւ ցանեցին շուրջանակի տատասկ երկաթիս, եւ ի մեծ վտանգի ունէին զքաղաքն, եւ սուլտանն ոչ կարէր աւգնել քաղաքացեացն: Եւ յայնժամ եկն թագաւորն Ընկլիզաց ի Կիպրոս, եւ էառ զնա ի Յունաց, եւ կալեալ զտուկն Կաւմանէ եւ եբեր ի յԱքքա, եւ միաբանեալ Բ թագաւորքն պատերազմէին ընդ սուլտանն եւ ընդ քաղաքացիքն քաջապէս:

Եւ յայնժամ առաքեաց սուլտանն առ թագաւորքն եւ ասէ. առէք զքաղաքդ ձեր ի ձեզ, եւ զմարդիկդ վաճառեցէք կշռով անձանց իւրեանց ոսկւոյ եւ արծաթոյ.

Նոքա պատասխանի ետուն եւ ասեն. վասն պատուոյ երեսաց քոց պարտ էր մեզ առնել զայդ, բայց զի երդուեալ եմք յառաջագոյն ի սուրբ գերեզմանն Քրիստոսի՝ ի բերան սրոյ մաշել զամենեսեան, եւ վասն այնր ոչ կարեմք լինել երդմնազանցք.

Եւ առին զքաղաքն եւ սպանին անդ ԼՋՌ այր, եւ Սալահատինն փախեաւ:

Ի թուին ՈԽԱ եղեւ սով սաստիկ, զոր ոչ ոք կարէ տալ գրով զաւրինակն այնպիսի դառնութեան, զի ի բազում մեռանելոյն ոչ կարէին թաղել զմեռեալսն, եւ երանէին յառաջագոյն վախճանելոցն:

In the year 640 A.E. [1191] the king of the Franks came to Acre in ships with many troops and besieged [the city]. Since that city belonged to him, Saladin arrived there as well; and he encamped opposite them. The Frankish army dug three trenches around them and strongly secured themselves behind iron tipped plates. Thus did they place the city into dire straits, and the sultan was not able to aid the citizens. At that time the king of the English came to Cyprus and took it from the Byzantines, seized Duke Comnenus and brought him to Acre. United, the two monarchs battled valiantly against the sultan and against the citizens.

Then the sultan sent to the kings saying: "Take the city for yourselves, but sell the people for their weight in gold and silver."

They responded: "We should do that for your honor, but we have sworn before the blessed tomb of Christ that we would put all of them to the sword, and we cannot break our oath."

So they took the city and slaughtered 36,000 men, and Saladin fled.

In the year 641 A.E. [1192] there was a severe famine whose bitterness no one could describe in writing. For [the living] were unable to bury such a multitude as had died, and they even envied those who had died earlier.

Եւ յորժամ հասին ի ժամանակ գարնայնոյն, արածէին ի վերայ խոտոցն իբրեւ զոչխարս, եւ յանընդել կերակրոցն անկեալ մեռանէին: Ի սոյն ամի մեռաւ Խլիճ Ասլան սուլտանն յԻկոնիոյ. իսկ Սալահատինն սկսաւ նեղել զմեծն Անտիոք զի առցէ. եւ ասացին նմա աստեղագէտքն եթէ ոչ կարես տիրել նմա, եւ դադարեաց սուլտանն ի նոյն խորհրդոյ: Եւ Անտիոք նեղէր ի սովոյ, զի ոչ մտանէր անտ կերակուր յահէ սուլտանին,

եւ ասեն արք քաղաքին ընդ բրինձն. ահաւասիկ մեռանիմք ի սովոյ, զի՞նչ արասցուք.

եւ ասէ բրինձն. համբերեցէք ինձ ԺԵ աւր եւ տաց ձեզ պատասխանի:

Եւ յարուցեալ բրինձն առնու ընդ իւր ձիաւորս Ե եւ գնաց առ Սալահատինն մինչդեռ բանակեալ կայր հանդէպ քաղաքին Արքայոյ, եհաս ի դուռն խորանին, եւ ասէ ընդ դռնապանսն. ասացէք սուլտանին թէ բրինձն Անտիոքու աստ է, եւ խնդրէ տեսանել զքեզ. զոր իբրեւ լուաւ սուլտանն, վաղվաղակի ել ընդ առաջ նորա, եւ կալեալ զձեռանէ նորա եմոյծ ի խորանն, եւ մեծարեաց նստիլ:

Եւ նա ասէ. խնդիրս ունիմ առ քեզ, եթէ կատարեսցես՝ նստայց. եւ ասէ՝ կատարեալ է զոր խնդրես, ասա.

Եւ ասէ բրինձն. խնդրեմ ի քէն պարգեւել ինձ զԱնտիոք:

Եւ ասէ սուլտանն՝ պարգեւեալ է, եւ ի վերայ այդորիկ Գ ամաց կերակուր քեզ եւ քաղաքին քո ես տաց:

Եւ արար սէր կատարեալ եւ դարձաւ յԱնտիոք, եւ լցաւ քաղաքն առատութեամբ եւ կերակրաւք:

When springtime arrived, [the people] grazed on the grass, like sheep, and fell sick and died from the unsuitable food. In the same year Sultan Kilij-Arslan died in Iconium. Then Saladin began harassing great Antioch in order to take it. Astrologers told him that he would not be able to rule it, so the sultan abandoned the idea. Antioch was troubled by hunger, since food was not entering out of fear of the sultan.

The men of the city said to the prince[14]: "Behold, we will die of hunger. What shall we do"?

The prince replied: "Wait 15 days for me, and I will give you an answer."

Then the prince arose taking five horsemen with him and went to Saladin who was then encamped opposite the city of Acre. He reached the door of his tent and said to the door keepers: "Tell the sultan that the prince of Antioch is here and wishes to see him." As soon as the sultan heard this, he quickly went before him, led him into the tent by the hand, and respectfully [wanted to] seat him.

And [the prince] said: "I have a request to make of you, and will be seated if you grant it."

[The sultan] answered: "What you are requesting will be granted. Say what it is."

The prince spoke: "I request that you grant me Antioch."

The sultan replied: "I grant that. And further, I will give three months' worth of food to you and the city."

[Bohemond] made complete friendship [with the sultan] and returned to Antioch, and the city filled up with plentitude and food.

---

14 Bohemond III, 1163-1201.

93. Ի թուին ՈԽԲ յորժամ դարձաւ բրինձն ի Սալահատնէն, խորհեցաւ ընդ տիկինն իւր բռնել զԼեւոն. եւ նա ասէր, մի՛ գործեր զայդ գործ անիրաւութեան, քանզի փեսայ է իմ, եւ յամենայն ժամ յաւժարութեամբ գայ ի ծառայութիւն քո, եւ ձեռնտու է քեզ ի գործ պատերազմի: Այլ նա ոչ դարձաւ ի չար խորհրդոցն, եւ առաքեաց կոչեաց զնա: Եւ յարուցեալ գնաց Լեւոն ի Պաղրաս, եւ կինն բրնծին ծանուցանէր Լեւոնի զբանն զանխլաբար: Եւ առաքեաց Լեւոն առ բրինձն գալ ի Պաղրաս ինքն եւ բրնծէսն, զի անդ պատուեսցէ զնոսա, եւ ապա ելեալ նոքաւք գնասցեն յԱնտիոք: Եւ նոքա եկին յաւժարութեամբ, եւ Լեւոն ել ընդ առաջ նոցա եւ մեծարեալ եբեր ի Պաղրաս, եւ անդ կալաւ զբրինձն, եւ տարեալ եդ յարգելանս ի կլայն Սիսոյ, եւ պահէին զգուշութեամբ: Իսկ ի սոյն ամի առաքեաց Սալահատին սուլտանն առ Լեւոն՝ տալ զերկիրն Կիլիկիոյ ի նա, եւ ինքն գնասցէ ողջ անձամբ. եւ Լեւոն յերկիւղի եղեալ թէ զինչ արասցէ, եւ յԱստուած ապաւինելով ասէ ընդ առաքեալն առ նա. ասա ցսուլտանն թէ երկիր ոչ ունիմ տալ քեզ, բայց եթէ գայցես յերկրիս իմում, տաց քեզ յերկայրից ըմպելիս, որպէս հաւատակցին քո Ըռըստոմի:

93. In the year 642 A.E. [1193] when the prince had returned from Saladin, he plotted with his wife to seize Lewon. [She] said: "Do not work such an iniquitous deed, because he is my son-in-law, and always serves you gladly and assists you in military matters." But [the prince] did not abandon his wicked plans, and sent summoning him. Lewon arose and went to Baghras, and the prince's wife secretly informed him about the plot. Lewon sent to the prince asking him and the princess to come to him at Baghras so that he could honor them and then they could go to Antioch together. They came willingly and Lewon went out before them to honor them and bring them into Baghras. He seized the prince there and had him confined in the citadel at Sis, carefully guarded. In the same year Sultan Saladin sent [an emissary] to Lewon [telling him] to give the country of Cilicia to him, and he himself could go away unharmed. Lewon was frightened and did not know what to do. Placing his faith in God, he said to the emissary who had been sent to him: "Tell the sultan that I have no country to give to you, but that if you come to my country I will give you a double-edged [sword] to swallow, as I did to Rustam, your coreligionist."

Եւ սուլտանն լուեալ զայս մռմռէր որպէս զառիւծ, եւ պատրաստէր զզաւրս իւր գալ յերկիրն Կիլիկիոյ զի բնաջինջ արասցէ զհաւատացեալսն Քրիստոսի, եւ եկն մինչեւ ի գետն որ կոչիՍեաւ, եւ պատահեալ նմա ախտ հիւանդութեան՝ սատակեցաւ անդ: Եւ նստաւ յաթոռ նորա որդին իւր որ կոչէր Մելէք Տահիր: Ի սոյն ամի ի ԺՁ աւրն մայիս ամսոյ փոխեցաւ առ Քրիստոս կաթողիկոսն Հայոց տէր Գրիգորիս, յաշխարհն Կիլիկեցւոյց, եւ թաղեցաւ ի Դրազարկն. եւ նստաւ յաթոռն իւր որդի քեռն իւրոյ տէր Գրիգորիս, որ կոչէր Վահրամ, տղայ տիաւք: Ի սոյն ամի մեռան մեծազարմ իշխանքն քուերորդիք կաթողիկոսին Հեթում, փեսայն Լեւոնի՝ յեղբաւրն դուստրն յԱլիծն, եւ եղբայրն Հեթմոյ Շահնշահն.

94. Ի միում ամսեան քեռին եւ քուերորդիքն: Բայց ասի թէ Լեւոն եղեւ պատճառ մահուան նոցա, այլ ճշմարիտն Աստուծոյ է գիտելի: Իսկ կաթողիկոսն Գրիգորիս յորժամ եղեւ կաթողիկոս՝ ոչ տանէր զառաջին հնազանդութիւնն ամենեցուն, որպէս յորժամ ընդ դաստիարակաւ էր, այլ ինքնիշխանութեամբ տանէր զհայրապետութիւնն, որպէս տեսեալն էր ի քեռին իւր:

When the sultan heard this response, he growled like a lion and prepared his forces to come to the country of Cilicia to exterminate the believers in Christ. He came as far as the Black River where he became ill and perished. His son, named Malik Zahir, sat upon his throne. In the same year on May 16th, the Catholicos of the Armenians, lord Grigoris, passed to Christ in the land of Cilicia, and was buried at Drazark. His throne was occupied by the son of his sister, lord Grigoris,[15] who was called Vahram and was still a lad. In the same year [a number of] noble princes died—sons of the sister of the Catholicos Het'um, the son-in-law of Lewon and his brother's daughter, Alice, and Het'um's brother, Shahnshah.

94. The uncle and the nephews died in the same year. It was said that Lewon was the cause of their deaths, but only God knows the truth of the matter. When Grigoris became Catholicos he did not display the same obedience to everyone as previously when he was under a tutor, rather he ruled the patriarchy in a willful manner, as his mother's brother wished.

15 Grigor V K'aravezh, 1193-1194.

Յայնժամ մախացեալ ընդ նա աւագազոյն մարդիկն, առաքեն առ Լեւոն եւ ասեն. ոչ ունի սա իմաստութիւն վարել զհայրապետութիւնն որպէս արժան է, եւ յաւդեցին որպէս կամեցան զնմանէ: Եւ զայս արարին միանգամ եւ երկիցս եւ երիցս, մինչեւ շարժեցին զԼեւոն ի կամս իւրեանց: Եւ առաքէ ի բերդն Հոռոմկլայն զարքեպիսկոպոսն զտէր Յոհաննէս առնել ըստ իմաստութեան իւրում. եւ նա գնացեալ անդ եւ մտեալ առ կաթողիկոսն պատուով, եւ մեծարեալ որպէս զհիւր եւ զազգային: Իսկ նա ձեռնտըւութեամբ սպասաւորաց նորա մինչ դեռ էին նստեալ ի սեղանն ի ժամ ճաշոյն՝ ետ փակել զդրունս բերդին, եւ տարածեցաւ աղմուկն. եւ հայրապետն զարհուրեցաւ եւ ասէ ցտէր Յոհաննէս. զի՞նչ է այս զոր լսեմս. եւ նա ասէ՝ բռնած ես: Եւ կալեալ զնա եդին յարգելանի եւ ամրացուցին պահապանաւք: Եւ իբրեւ տարածեցաւ համբաւն յարտաքին բերդն եւ ի ներքին շէնն, հասին ամենեքեան զինուք ի վերայ կլային, առ ի յաւգնութիւն հայրապետին իւրեանց, եւ զաւուրս Գ պատերազմեցան նետիւ եւ ոչինչ կարացին առնել, եւ ապա խաղաղացան: Եւ առեալ տէր Յոհաննէս զդատապարտեալ հայրապետն եբեր առ Լեւոն, եւ եդին զնա ի պահեստի ի բերդն Կոպիտառայ, ժամանակս ինչ կալ անդ:

When the most senior men envied him, they sent to Lewon and said: "He lacks the appropriate wisdom to hold the patriarchate." And they added to this whatever [other charges] against him that they wanted. They did this once, twice, and three times until they inclined Lewon to their will. He sent the archbishop, lord Yohanne's, to the fortress of Horomkla to effect his will. [Yohanne's] went before the Catholicos with respect and was glorified as a guest and relation. While they sat at table during mealtime, [Yohanne's] through arrangement with his attendants, had the gates of the fortress closed and a clamor stirred up. The patriarch was terrified and asked lord Yohanne's: "What is this that I hear?" And [Yohanne's] replied: "You have been seized." Arresting him, they put him into confinement, and made matters more secure with guards. When the rumor of this spread about outside the fortress and within, everyone came armed to the citadel to aid their patriarch. For three days they shot off arrows but were unable to accomplish anything, and then they calmed down. Lord Yohanne's took the condemned patriarch and brought him to Lewon. They temporarily imprisoned him in the fortress of Kopitar.

Իսկ բնակիչք Հռոմկլային աղեկիզեալք ընդ անիրաւ դատապարտութիւն հայրապետին իւրեանց, առաքեն առ նա ծածկաբար զի հնարեսցէ զելն իւր ի բերդէն, եւ մատուցեն նմա երիւարս եւ տարեալ արասցեն զնա տէր բերդին եւ աթոռոյն իւրոյ. որոյ անկեալ ի բանս նոցա մանկաբար, եւ առեալ կտաւ կախեցաւ ի գիշերի իջանել ի բերդէն, եւ կտաւուն անկն բեկեալ պատառեցաւ եւ անկեալ ի խոնարհ՝ բարձաւ մեռեալ, եւ առեալ տարան ի Դրազարկն, եւ անդ թաղեցին զնա մերձ առ դամբարան քեռն իւրոյ. եւ էր թուական Հայոց ՈԽԳ։

Իսկ ի սոյն թուին, եդին հայրապետ զտէր Գրիգորիս զկոչեցեալն Ապիրատ, որ էր որդի զաւրավարին, եղբաւր կաթողիկոսացն տէր Գրիգորի եւ տէր Ներսիսի, այր իմաստուն եւ գիտնական, լցեալ աւուրբք եւ հասեալ ի ծերութիւն բարիոք հովուապետութեամբ։ Իսկ Լեւոն յորժամ բռնեաց զբրինձն, կալաւ զնա յարգելանս աւուրս ինչ, եւ եկեալ յԱքքայոյ թագազարմ իշխանն գունթ Հեռին եւ խնդրեաց զնա պարգեւս ի Լեւոնէ, եւ նա շնորհեաց նմա. եւ հաստատեցին ուխտ սիրոյ խնամութեան ընդ միմեանս, եւ ետ Լեւոն զդուստր եղբաւրն իւրոյ Ռովբինի զԱլիծն, որ յառաջագոյն Հեթումն ունէր, եղբայրն Շահէնշահի, աւագ որդւոյն բրնծին Ռեմնդին, այս պայմանաւ որ թէ լինէր ի նմանէ որդի արու՝ լինէր ժառանգ Լեւոնի, եւ զկնի մահուան հաւրն իւրոյ Ռեմնդին՝ լինէր տէր Անտիոքու, եւ հաստատեցին զայս գրով եւ երդմամբ։

Now the residents of Hromkla were agitated by the unjust condemnation of their patriarch and secretly sent to him to prepare his escape from the fortress. They had prepared horses and had got the lord of the fortress [to agree] to take him and his throne. However [the Catholicos], childishly [mis]interpreting their words, took linen and hanged it out at night to descend from the fortress. The linen [rope] broke and he fell to his death. They took and buried him at Drazark, close to the tomb of his mother's brother. This occurred in the year 643 A.E. [1194].

In the same year they enthroned as patriarch lord Grigoris, called Apirat,[16] a wise and learned man who was the son of a general, the brother of the Catholicoi lord Grigori and lord Nerse's. He was quite elderly and had reached old age in goodly stewardship. Now when Lewon had seized the prince, he put him into confinement for some days. When the royal prince Henri [Comte Henri de Champagne] came from Acre he requested him as a favor from Lewon, and [Lewon] granted it to him. They established a covenant of friendship and marriage relations with each other, as Lewon gave Alice, the daughter of his brother Ruben, who previously had been [the wife] of Het'um, *Shahe'nshah's* brother, in marriage to the senior son of prince Raymond. [This was done] with the provision that should the union produce a male child, he would be Lewon's heir, and that after the death of his father, Raymond, he would be the lord of Antioch. [This was agreed to] by oath and in writing.

16 Grigor VI Apirat, 1194-1203.

Եւ էր որդի բռնծին առ Լեւոն, եւ մտանէր եւ ելանէր ընդ նմա, եւ կացեալ ժամանակս ինչ մեռաւ, եւ կինն նորա մնաց յղի ի նմանէ, եւ ծնաւ որդի արու վայելուչ եւ գեղեցիկ տեսլեամբ, քանզի ոչ գոյր որդի Լեւոնի, լինել ժառանգ հայրենեաց իւրեանց, եւ տայր սնուցանել զնա մեծաւ զգուշութեամբ. եւ մկրտեաց զնա եւ կոչեաց զանուն նորա Ռովբէն:

95. Իսկ ի թուին ՈԽԵ առաքեաց թագաւորն Յունաց Լեւոնի թագ պատուական, եւ խնդրէ ի նմանէ զմիաբանութիւն սիրոյ. եւ նա առ ընկալաւ ուրախութեամբ:

Ի թուին ՈԽԶ առաքէ Լեւոն ի Կոստանդինուպալիս զարքեպիսկոպոսն տէր Ներսէս, զորդի Աւշնին, եւ զմեծազարմ իշխանն զՀալկամն, զեղբայր Բակուրնայ՝ զքեռին իւր, որք գնացեալ անդ եւ ցուցեալ զկամս սիրոյ Լեւոնի յաւժարութեամբ առ նոսա: Եւ զի էր տէր Ներսէս այր իմաստուն եւ լի գիտութեամբ, եւ ամենայն առաքինութեամբ զարդարեալ, ժողովեցան առ նա իմաստունքն Յունաց եւ խաւսեցան ընդ նմա բազում աւուրս վասն դաւանութեան հաւատոյ եւ կարգաց եկեղեցւոյ, եւ հաճեալ հաւանեցոյց զնոսա տէր Ներսէս: Իսկ ի սոյն ամի մոլորումն եղեւ Զատկին, եւ ի սոյն ամի առաքեաց Լեւոն զարքեպիսկոպոսն Սիսոյ զտէր Յոհաննէս յԱքքա, ի խնդիր թագին զոր թագաւորն Ալամանաց առաքեալ էր նմա, զկնի զաւրացն որք եկեալ էին անդ, որ եւ եկն անտի արծուէքն որ եկեալ էր հրամանաւ պապուն Հռոմայ:

The prince's son was with Lewon and went about with him, but he died after a while. His wife was pregnant from him and gave birth to an appealing and comely boy. Since Lewon had no son, the child was to be the heir of their patrimony. He had him nurtured with great attention. He was baptized and called Ruben.

95. In the year 645 A.E. [1196] the Byzantine emperor sent Lewon a noble crown and sought an alliance of friendship with him. [Lewon] received [the crown] with joy.

In the year 646 A.E. [1197] Lewon sent to Constantinople the archbishop lord Nerse's, son of O'shin, and the very noble prince Halkam, brother of Bakuran, his mother's brother. They went and gladly demonstrated to them Lewon's disposition for friendship. Since lord Nerse's was a wise and learned man, adorned with every virtue, the Byzantine sages gathered around him and conversed with him for many days about the [Armenian] confession of faith and appointments of the church. Lord Nerse's brought them to willing acceptance. In that same year there was a deviation concerning [the proper day for commemorating] Easter. In the same year Lewon sent the archbishop of Sis, lord Yohanne's, to Acre about the crown which the king of the Germans had sent to him with the troops which had come there. An archbishop had also come by order of the pope of Rome.[17]

17 Celestine III

Ի թուին ՈԽԷ յամսեանն յունուարի, յաւր Յայտնութեան Տեառն, աւծին զԼեւոն թագաւոր Հայոց ի հնազանդութիւն եկեղեցւոյն Հռոմայ եւ ըմբրուրին Ալամնաց. եւ եղեւ ուրախութիւն մեծ ազգիս Հայոց, զի տեսին վերստին կանգնեալ եւ նորոգեալ զտէրութիւն իւրեանց յերեսս Լեւոնի բարեբարոյ եւ աստուածասէր արքայի: Ի սոյն ամի հանգեաւ ի Քրիստոս տէր Ներսէս, որդի Աւշնին եւ եղբայր Կոստանդեայ տեառն Լամբրունի: Եւ արդ պարտ էր մեզ պատմել փոքր ի շատէ զոր ըստ նորայն ժամանակի վայելչացեալ էր տունս Հայոց: Քանզի էր արքայն Լեւոն այր իմաստուն եւ հանճարեղ, զուարթ տեսլեամբ եւ առատ սրտիւ առհասարակ, առ եկեղեցականս եւ աշխարհականս, առ աղքատս եւ առ տկարս, ի վանաւրեայս եւ յուխտեալ տեղիս, եւ ամենայն ուրեք տարածանէր զբարեաց իւրոց պարգեւս. զարդարեաց զտաւնս զատկաց մեծահանդէս ժողովով, եւ մեծածախ սեղանով. եւ ուր իմանայր թէ գոյ այր պիտանի ի գործ ինչ եւ աջողակ, առաքէր եւ կոչէր խոստմամբ, եւ բերեալ հանգուցանէր առատաձիր պարգեւաւք. եւ ամենայն դասուք եկեղեցականաւք եւ պատուաւոր իշխանաւք զարդարեալ եւ վայելչացեալ էր երկիրս Կիլիկոյ, զոր եւ պատմեցից զանուանս մի ըստ միոջէ.

In the month of January in the year 647 A.E. [1198] on the day of the Revelation of the Lord, they anointed Lewon king of the Armenians in obedience to the church of Rome and the emperor of the Germans. And there was great joy among the Armenian people, since they saw their lordship restored and renewed in the person of Lewon, a moral and God-loving king. In the same year lord Nerse's, son of O'shin and brother of Kostand lord of Lambron, died. And now we should briefly narrate some things about the pleasing modern events occurring in the House of the Armenians. For Lewon was a learned, brilliant man with a happy mien and a generous soul toward all, toward the clerics and laity, the poor, the weak, and to those in monasteries and retreats, dispensing his goodly gifts everywhere, celebrating the feasts of Holy Week with great assembly and a costly table. Whenever he learned that a man was found suitable and capable for a particular job, he sent and called him giving his word and when he had been brought [Lewon] recompensed him with generous gifts. All the ranks of the clergy and the honored princes were adorned and comely in this country of Cilicia. Let me record their names, one by one.

96. Տէր Դաւիթ արքեպիսկոպոս Մամունեստիոյ եւ առաջնորդ սուրբ ուխտին Արքակաղնոյն:

Տէր Գրիգորիս արքեպիսկոպոս Կապնուն եւ առաջնորդ Արիգնոյն:

Տէր Յովհաննէս արքեպիսկոպոս Սիսոյ եւ առաջնորդ Դրազրկուն:

Տէր Մինաս արքեպիսկոպոս աստուածաբնակ քաղաքին Երուսաղեմի:

Տէր Յուսէփ արքեպիսկոպոս Անտիոքու եւ առաջնորդ Յիսուանցն:

Տէր Կոստանդին արքեպիսկոպոս Անարզաբոյ եւ առաջնորդ Կաստաղաւնին:

Տէր Վարդան արքեպ. Լամբրունին եւ առաջնորդ Սկեւռային:

Տէր Ստեփանոս արքեպ. Տարսոնին եւ առաջնորդ Մլիճոյն:

Տէր Թորոս եպիսկոպոս Սելեւկիոյ:

Տէր Աստուածատուր եպ. Մեծքրուն:

Տէր Յոհաննէս եպ. Սանվիլանց:

Տէր Գէորգ եպ. Անդրիասանց:

Տէր Կոստանդին եպ. Յոհնանց:

Տէր Գրիգոր եպ. Փիլիպպոսեանց:

Տէր Ստեփանոս եպ. Բերդուսին:

Տէր Մխիթար եպ. Ընկուզտին:

Իշխանն Պաղրսայ Ատանն:

Իշխանն Ճկերոյն Աւստն:

96. Lord Dawit', archbishop of Mamsuestia and head of the blessed congregation of Ark'akaghni.

Lord Grigoris, archbishop of Kapan and head of Areg.

Lord Yovhane's, archbishop of Sis and head of Drazark.

Lord Minas, archbishop of the holy city of Jerusalem.

Lord Yuse'p', archbishop of Antioch and head of Yisu-ank'

Lord Kostandin, archbishop of Anazarb and head of Kastaghon.

Lord Vardan, archbishop of Lambron and head of Skewr'a.

Lord Setp'anos, archbishop of Tarsus and head of Mlich.

Lord T'oros, bishop of Selewkia.

Lord Astuatsatur, bishop of Metsk'ar.

Lord Yohane's, bishop of Sanvilank'.

Lord Ge'org, bishop of Andriasank'.

Lord Kostandin, bishop of Yohnank'.

Lord Grigor, bishop of P'ilpposeank'.

Lord Step'anos, bishop of Berdus.

Lord Mxit'ar, bishop of E''nkuzut.

The prince of Baghras, Adam.

The prince of Chker, Hostius.

Իշխանն Համուսին Արեւգոյնն:

Իշխանն Սարվանդաւի Սմբատն:

Իշխանն Հարունոյն Լեւոն:

Իշխանն Սիմանայ կլային Սիրուճի:

Իշխանն Անէոյն Հեռի:

Իշխանն Կուտաֆոյն Ապլղարիպ գունդուստապլն:

Իշխանն Ընկուզտին Պաղտինն:

Իշխանն Թոռնկային Ստեֆն:

Իշխանն Բերդուսին Լեւոն եւ Գրիգոր:

Իշխանն Կանչոյն Աշոտն:

Իշխանն Ֆառնաւսայ Ապլղարիպն:

Իշխանն Կապնուն Տանկրի:

Իշխանն Ճանճոյն Կոստանդին:

Իշխանն Շողականն Ճաւֆրի:

Իշխանն Մազոտխաչին Սիմունն:

Իշխանն Թւին Ըռապերտն:

Իշխանն Թլսապոյ Թորոս:

Իշխանն Վաներոյն Վասիլ մարաջախտն:

Իշխանն Բարձրբերդոյ Գէորգ:

Իշխանն Կոպիտառոյ Կոստանդին:

Իշխանն Մալովնին Աժառոսն:

Իշխանն Կուկլկայ Սմբատ:

Իշխանն Լամբրունին Հեթում:

Իշխանն Լուլայոյ Շահինշահն:

Իշխանն Պապեռանին Բակուրան:

The prince of Hamus, Arewgoyn.

The prince of Sarvandik'ar, Smbat.

The prince of Harun, Lewon.

The prince of Simanay citadel, Siruhi.

The prince of Ane', Henri.

The prince of Kutaf, the constable Aplgharip.

The prince of E"nkuzut, Baudoin.

The prince of T'or'nika, Stefn.

The princes of Berdus, Lewon and Grigor.

The prince of Kanch', Ashot.

The prince of Fo'r'no's, Aplgharip.

The prince of Kapan, Tancred.

The prince of Chanchi, Kostandin.

The prince of Shoghakan, Geoffry.

The prince of Mazotxach', Simun.

The prince of T'il, Robert.

The prince of T'lsap, T'oros.

The prince of Vaner, Vasil the marshal.

The prince of Bardzrberd, Ge'org.

The prince of Kopitar', Kostandin.

The prince of Mo'lovon, Azhar'os.

The prince of Kuklak, Smbat.

The prince of Lambron, Het'um.

The prince of Lulwa, Shahinshah.

The prince of Paper'o'n, Bakuran.

Իշխանն Ասկուռսոյ Վասակ:

Իշխանն Մանաշոյ Հեթում:

Իշխանն Բերդկանն Միխայլն:

Իշխանն Պռականոյ Տիգրանն:

Իշխանն Սիւիլոյ Աւշինն:

Իշխանն Կուռիկաւսոյ Սիմունն:

Իշխանն Սելեւկիոյ եւ Պունառոյ Կոստանցն:

Իշխանն Սինիտոու եւ Կովասու Ռոմանոսն:

Իշխանն Վէտին եւ Վէռըսկու Նիկիֆաւռն:

Իշխանն Լավզատոյ եւ Տիմիտուպաւլսոյ Խռսաւֆարն:

Իշխանն Մանիաւնին, Լամաւսոյ, Ժեռմանկանն եւ Անամուռին Հալկամն:

Իշխանն Նորբերդոյ եւ Կաւմառտիասոյ սեւաստիաւսն Հեռի:

Իշխանն Անդաւշծին եւ Կուպային Պաղտինն:

Իշխանն Մաղվայոյ եւ Սիկոյ եւ Պալապաւլին Կեռսակն:

Իշխանն Մանովղատին եւ Ալարոյ Միխայլն:

Իշխանն Լակռաւենոյ Կոստանդինն եւ Նիկիֆաւռն:

Իշխանն Կալանաւնաւռսոյ, Այժուտապին, սուրբ Սոփէ եւ Նաղլաւնին Կեռվարդն:

The prince of Askur'as, Vasak.

The prince of Manash, Het'um.

The prince of Berdak, Mixayl.

The prince of Pr'akana, Tigran.

The prince of Siwil, O'shin.

The prince of Kur'iko's, Simun.

The prince of Selewkia and Punar', Kostants'.

The prince of Sinit and Kovas, R'omanos.

The prince of Ve't and Ve'r'e"sk, Nikefo'r'n.

The prince of Lavzat and Timitupo'lis, Christopher.

The prince of Manio'n, Lamo's, Zher'manik and Anamur', Halkam.

The prince of Norberd and Ko'mar'tas, the sebastius Henri.

The prince of Ando'shts and Kupa, Baudoin.

The prince of Maghva and Sik and Palapo'l, Kyr Isaac.

The prince of Manovghat and Alar, Mixayl.

The princes of Lakr'awen, Kostandin and Nikifo'r'.

The prince of Kalano'no'r'soy, Ayzhutap, the blessed Sop'e' and Naghlo'n, Kyr Vard.

97. Արդ այս վերոյգրեալ բերդերս ժամանակ մի ծառայեցին թագաւորին Լեւոնի, եւ ապա դարձան ի սուլտանն: Եւ յետ Պեմունտ բրնծին մահուանն՝ բազում զինուորք եկին ի ծառայութիւն թագաւորին Լեւոնի, եւ իշխանք ընդ նոսա՝ որոց անուանքն են այսոքիկ. Ուլիվէր ջամբռլայն, Ռաւճէլ Տմունթն, Ջուարտն, Թումաս Մալրպրունն, Բայէն Պուդլերն, Կիլամ Տլիլն. եւ այսպիսի խոհեմ իշխանաւք եւ քաջամարտիկ զինուորաւք քաջապէս մղէր զհոյլս թշնամեացն: Եւ զորդիսն Խլիճ Ասլանին որք տիրեցին տանն Հոռոմց, նեղեալ զնոսա յոյժ, առնելով ի նոցանէ բերդորայս եւ գերելով զերկիր նոցա աւերմամբ. եւ արիագոյն քաջութեամբ սպառազինեալ կայր ի մէջ թշնամեաց իբրեւ զախոյեան անպարտելի: Եւ ունէր ի մտի զչարիսն Լամբրունցեացն զոր անցուցեալ էին ընդ քրիստոնեայս Կիլիկեցւոց եւ ընդ ազգն Ռովբինանց, արպէս եւ երբեմն Աւշինն հայրն Հեթմոյ, առաջնորդ եղեալ Թուրքին եւ եբեր ի վերայ Ատանոյ, էառ զնա եւ բազում կոտորածս արար ի նա, որ եւ ասէին թէ ԵԾ կոյս աղջիկ տարան, թող զայլ անթիւսն: Եւ խորհէր Լեւոն իմաստութեամբ, փեւտել զթեւս նոցա, եւ ցածուցանել զբարձրայաւն հպարտութիւն նոցա: Խաւսէր ընդ Հեթում որդի Աւշնին բանս ախորժականս մտաց նորա կամք են իմ առնել ընդ քեզ կապակցութիւն սիրոյ, եւ տալ զդուստր եղբաւր իմոյ Ռովբինի՝ զՖիլիպն ի կնութիւն որդւոյ քո երիցագունի Աւշնի:

97. Now the aforementioned fortresses at one time served King Lewon, but later they [re]turned to the sultan. After the death of Prince Bohemond, many soldiers came in service to King Lewon as did princes with them. Here are their names: Olivier the Chambellan, Roger du Mont, Louard, Thomas Maslebrun, Bohemond Lair, Guillaume de l'Isle. With such prudent princes and valiant warriors did [Lewon] press upon the bands of enemies. They greatly harassed the sons of Kilij-Arslan who ruled the House of the Romans, taking fortresses from them and enslaving their country with looting. With the greatest bravery [Lewon] remained armed amidst the enemy, like an invincible hero. He remembered the wicked deeds that the Lambronets'ik' [Het'umids] had committed against the Christians of Cilicia and against the Rubenid clan [for example, that] O'shin, Het'um's father, had become a leader of the Turks and had brought them against Adana, which he captured causing a great slaughter there. It is said that they took 500 virgin girls captive, not to mention countless others. Lewon, in his wisdom, planned to clip their wings, and reduce their insufferable haughtiness. He suggested some appealing ideas to O'shin's son, Het'um, saying: "I want to establish friendly relations with you, and give Phillipa, the daughter of my brother, Ruben, as a wife to your eldest son, O'shin."

Եւ Հեթում շնորհակալութեամբ ընկալաւ զբանն եւ ուրախացաւ: Եւ ապա ի քաղաքն Տարսոն պատրաստեցին զպետս հարսանեաց, եւ Հեթում եկն տամբ եւ զաւակաւք եւ ամենայն աղխիւք ի Տարսոն: Եւ թագաւորն Լեւոն կալաւ զնոսա, եւ առաքեալ էառ զԼամբրոնն առանց մարտի, եւ զՀեթում եդ ժամանակս ինչ ի բանտ, եւ ապա հանեալ ի բանտէն ետ նմա գեղորայս բազումս եւ պատուով ընդունէր զնա, եւ նա ծառայէր նմա միամտութեամբ ըստ իմաստութեան իւրոյ, զի էր այր զգաւն եւ մեծիմաստ գըրագէտ յոյժ: Եւ դարձեալ յետ ամաց ինչ կալեալ զնա եւ եդ ի բանտի, եւ նա անդ զգեցաւ զգեստ կրաւնաւորութեան, եւ գնաց թագաւորն առ նա ի բանտ ի Վահկայն եւ խնդրեցին թողութիւն յիրերաց, եւ ազատեաց զնա թագաւորն, եւ ետ նմա զուրբ ուխտն Դրազարկն, եւ անդ եկաց մինչեւ ցաւր մահուան իւրոյ, եւ ի ժամ կրաւնաւորութեանն փոխեցաւ անունն նորա եւ անուանեցաւ Հեղի:

98. Ի թուին ՈԾ գնաց Ռուզնատին սուլտանն բազում զաւրաւք յարեւելս, եւ էառ զքաղաքն Թէոդուպաւլիս, որ է Կարնոյ քաղաք, ոչ պատերազմաւ՝ այլ սիրով, եւ գնաց խրոխտալով ի վերայ Մժնկերտոյ, եւ մինչդեռ նեղէր պատերազմաւ զամրոցն՝ հասին ի վերայ նոցա զաւրքն Վրաց եւ արարին զնոսա փախստական, կալան զտէրն Եզնկային զՎահրամ շահն, եւ բազում աւարաւ դարձան յաշխարհն իւրեանց:

Het'um accepted this proposal with thanks and gladness. So they made preparations for the wedding in the city of Tarsus, and Het'um arrived at Tarsus with his clan, sons, and entire household. Then King Lewon seized them. He sent and took Lambron without a battle and put Het'um into prison for a while. Subsequently he released him from prison and gave him numerous villages and gifts and accepted him with honor. [Het'um] served him loyally in accordance with his wisdom, for he was a sensible man and extremely literate besides. But once again, after some years, [Lewon] seized him and put him into prison where he donned clerical clothing. The king went to see him in the prison at Vahka and they requested forgiveness for their actions. The king freed him and gave him the blessed congregation of Drazark where he remained until his death. When he became a cleric, he adopted the name Henri.

98. In the year 650 A.E. [1201] Sultan Rukn ad-Din went to the East with many troops and captured the city of Theodosiopolis, which is the city of Karin, not by warfare but by friendship. Then, boasting, he went against Manzikert and, while he was besieging the fortress militarily, the troops of the Georgians came upon him. They put him to flight, captured Vahram-Shah, lord of Erznka, and returned to their own land laden with booty.

Եւ սուլտանն կացոյց տէր քաղաքին Կարնոյ զեղբայրն իւր, զՏուղրիլ շահն, որ էր այր բարեբարոյ, եւ զամենայն աւուրս կենաց իւրոց սիրով եկաց ընդ թագաւորն Լեւոն, եւ յոյժ սիրէր զքրիստոնեայս, եւ եղբայրն իւր սուլտանն դարձաւ ի տեղի իւր:

Ի թուին ՈԾԲ կաթողիկոսն տէր Գրիգորիս գնաց ի Հոռոմկլայէն առ թագաւորն Լեւոն վասն քուերորդւոյն իւրոյ Հեթմոյ զի դեռ եւս յարգելանս էր յերկրորդ ըմբռնմանն, եւ ազատեաց զնա թագաւորն, որպէս յառաջագոյն ասացաք: Եւ յետ սակաւ աւուրց տէր Գրիգորիս հանգեաւ ի Քրիստոս, եւ թաղեցաւ ի սուրբ ուխտն Արքականին: Եւ ի նոյն ամի ժողով արար եպիսկոպոսաց թագաւորն Լեւոն, եւ եդին զտէր Յոհաննէս, զարքեպիսկոպոսն Սսոյ կաթողիկոս Հայոց, որ էր այր խորագէտ եւ իմաստուն եւ առատաձեռն: Սեղանով արքայակերպ եւ խոնարհ սրտիւ, անպաճոյճ անձամբ, եւ ի հոգեւորսն փոյթ. զարս առաքինիս յոյժ սիրէր, եւ ոչ տայր թոյլ հրապարակել զվընասս կարգաւորաց. շինասէր էր եւ տան յարդարիչ եւ պիտոյից պատրաստիչ, որ եւ զբերդն Հոռոմկլայն քաջ ամրացոյց, քակեաց յեկեղեցական սպասուցն բազում անօթս ոսկեղէնս եւ արծաթեղէնս, եւ զամենեսեան զեկեալսն առ ինքն բարիոք դարձոյց: Էր սա ազգաւ Հեթմցի, որդի Կոստանդեայ եղբաւր Աւշնին:

Ի թուին ՈԾԳ մեռաւ Ռուզնատինն եւ նստաւ ի տեղի նորա որդին իւր, որ կոչէր Սուլիման շահ:

The sultan appointed his brother, Tughril-Shah, as lord of the city of Karin. He was a righteous man who maintained friendship with King Lewon throughout his entire life, and he liked Christians. His brother, the sultan, returned to his own place.

In the year 652 A.E. [1203] the Catholicos, lord Grigoris, went to king Lewon in Hromkla regarding his sister's son, Het'um, who was still in confinement during his second arrest. The king freed him, as we mentioned earlier. After a short while lord Grigoris reposed in Christ and was buried at the blessed congregation of Ark'akaghin. In the same year King Lewon convened an assembly of bishops and established the archbishop of Sis, lord Yohane's, as the Catholicos of the Armenians.[18] He was a wise, learned, and generous man, keeping a kingly table and a humble heart, simple in his person but attentive to spiritual matters. He greatly loved virtuous men and did not permit harm to come to the [Church's] ranks. He was constructive, an improver of the nation, a preparer of what is proper, who also well secured the fortress of Hor'omklay, who removed many church vessels of gold and silver and sent home everyone who came to him in a goodly fashion. He belonged to the Het'umid clan, a son of Kostand, brother of O'shin.

In the year 654 A.E. [1204] Rukn ad-Din died and his son, named Sulaiman-Shah, occupied his place.

18 Hovhannes VI Ssets'i, 1203-1221.

99. Ի թուին ՈԾԴ գնաց Լեւոն թագաւորն ի վերայ քաղաքի Ապլաստային, եւ ոչ կարաց առնուլ զնա. եւ եկն ի Կոստանդինուպաւլսէ Խոսրով շահն, որդի Խլիճ Ասլանին, եւ տիրեաց հայրենեաց իւրոց: Ջայսու ժամանակաւ գնաց տէր Յոհաննէս կաթողիկոսն առ թագաւորն Լեւոն, եւ լուաւ վասն Անտիոքացի տիկնոջն զոր ունէր թագաւորն՝ բանս բամբասանաց, եւ պատմեաց զանխլաբար թագաւորին. իսկ թագաւորն, քանզի էր յոյժ սրտային, հրամայեաց զբազումս ի մերձաւորաց տիկնոջն կորուսանել, եւ զկինն ձեռաւք իւրովք եհար սաստկապէս, եւ կամէր առժամայն սպանանել. իսկ որդին Վասակայ քեռոյն իւրոյ Կոստանդին հազիւ կարաց զերծուցանել ի ձեռաց նորա կիսամահ, եւ առաքեաց յարգելանս ի Վահկայն: Եւ ունէր ի նմանէ թագաւորն Լեւոն դուստր մի տղայ Ռռիթա անուն, զորս մայր թագաւորին Լեւոնի սնուցանէր զնա:

Իսկ ի թուին ՈԾԵ մեռաւ բրինձն Անտիոքայ Պեմունտն, եւ նստաւ ի տեղի նորա որդին իւր որ էր միականի, եւ էր կոմս Տրապաւլսոյ. եւ առաքեաց առ նա թագաւորն Լեւոն եւ եցոյց զգիր պայմանի հաւրն իւրոյ զոր արարեալ էր թագաւորին վասն ժառանգութեան տղայի աւագ որդւոյն իւրոյ, զոր գրեցաք. եւ նա ոչ առ յանձն ընդունել զգիր պայմանին եւ ոչ կամեցաւ կալ յիրաւունս:

99. In the year 654 A.E. [1205] King Lewon went against the city of Aplastayn, but was unable to take it. And Kilij-Arslan's son, Xosrov-Shah, came from Constantinople and ruled over his patrimony. In this period the Catholicos, lord Yohane's, went to King Lewon having heard blameworthy information about [the unfaithfulness] of the lady of Antioch, whom the king had [as a wife]. [Yohane's] related [these matters] to the king in private. As the king was very emotional, he ordered that many of the woman's relatives be ruined, and he violently struck the woman with his own hands, wanting to slay her on the spot. Kostand, the son of his uncle Vasak, was barely able to escape, half-dead, with his life, and he was sent in fetters to Vahka. King Lewon had a young daughter from her, named Rita, whom King Lewon's mother raised.

Now in the year 655 A.E. [1206] Bohemond, prince of Antioch, died and his one-eyed son, who was the count of Tripoli, occupied his place. King Lewon sent to him and showed him the written document which his father had made with the king concerning the inheritance of his eldest son, which we described earlier. But he did not agree to implement the conditions of the agreement or behave in a just manner.

Եւ դարձեալ առաքեաց թագաւորն եւ եցոյց պատրիարգին Անտիոքայ զնոյն գիր եւ զիրաւունս իւր, եւ պատրիարգն վկայեաց իրաւանց թագաւորին, այլ կոմսն ոչ առ յանձն: Եւ արար պատրիարգն զնա ընդ բանիւ, եւ հրամայեաց ոչ հարկանել զանգակ յԱնտիոք եւ ոչ մատուցանել պատարագ, եւ ոչ թաղել մեռեալ, եւ նա ոչ հաւանեցաւ: Ապա յետ ամենայնի յանդգնեալ մխեաց զձեռն իւր ի պատրիարգն եւ եդ յարգելանս, եւ նեղէր սովով եւ ծարաւով, եւ առաքէր առ նա եւ ասէր՝ վկայեա՛ վասն իմ որ ես եմ իրաւամբ տէր Անտիոքայ, զի ազատեալ ապրեսցիս. եւ նա ոչ առ յանձն ամենեւին մինչեւ մեռաւ յարգելանսն ի սովոյ եւ ի ծարաւոյ, եւ ոչ խաւսեցաւ սուտ: Եւ յայնմհետէ եղեւ խռովութիւն մեծ ընդ թագաւորն եւ ընդ բրինձն:

100. Իսկ ի թուին ՈԾՋ եկին ի Կոստանդինուպալիս կոմսն Վենետկաց եւ Ֆլանտրն, եւ առին զքաղաքն Յունաց. կոտորեցին եւ արարին փախստական զամենեսեան, եւ յայնմհետէ բարձաւ թագաւորութիւնն Յունաց ի Կոստանդինուպալսէ:

So once again the king sent and [this time] showed the patriarch of Antioch the same document concerning his rights. The patriarch testified to the king's right [in the matter], but the count would not comply. So the patriarch excommunicated him and ordered that the bell not be sounded in Antioch, that mass not be offered, and that the dead not be buried, and [still] he did not consent. After all this, he dared to stretch out his hand to the patriarch. He put him into confinement and afflicted him with hunger and thirst. Then he sent to him, saying: "Testify that by right I am the lord of Antioch, and I shall free you and you shall live." But [the patriarch] totally rejected this to the point that he died in prison of hunger and thirst, but would not speak falsely. Subsequently there was great agitation between the king and the prince.

100. In the year 656 A.E. [1207] the counts of Venice and Flandre[19] came to Constantinople and took the city from the Byzantines. They destroyed and caused everyone to flee, and thereafter the kingship of the Byzantines was removed from Constantinople.

19 Baudoin IX de Flandre.

Ի սոյն ամի թագաւորն Լեւոն յաղագս պատճառի ինչ իրիք կալաւ զսեւաստիաւսն Հեռի, եւ զորդիս նորա զԿոստանց Կումարտիասն եւ զՃաւսլին եւ զՊաղտինն եւ եդ ի կապանս եւ ի բանտի: Եւ Հեռի փեսայ էր տէր Յոհաննիսի կաթողիկոսին Հայոց. եւ յայսմանէ եղեւ խռովութիւն ընդ թագաւորն Լեւոն եւ ընդ կաթողիկոսն տէր Յոհաննէս, եւ այնքան մեծացաւ ատելութիւն ի մէջ նոցա՝ մինչ զի ի բաց մերժեաց զնա թագաւորն եւ առաջնորդքն եւ իշխանքն Կիւլիկեցւոց, եւ եդին հակառակ նմա զարքեպիսկոպոսն Մսսայ եւ առաջնորդ Արքակաղնւոյն զտէր Դաւիթ կաթողիկոս Հայոց: Եւ տէր Յոհաննէս մնաց ի Հոռոմկլայն պանդխտաբար եւ ապրեցաւ անդ քաջութեամբ իւրով եւ իմաստութեամբ, եւ եկաց ընդդէմ բազում ծածուկ եւ յայտնի հնարից նորա: Իսկ սուլտանն Խոսրով շահն, որդի Խլիճ Ասլանին, միապետեալ տիրեաց Հոռոմոց աշխարհին, եւ սկսաւ եղջիւր ածել թագաւորին Լեւոնի. եւ ի սադրելոյ եւ խորհրդակցութենէ տէր Յոհանիսի, եկն բազում զաւրաւք ի վերայ Բերդուսին, եւ պատերազմեալ էառ զնա եւ ըմբռնեաց զտէր նորա զԳրիգոր, որդի Լեւոնի, եւ յայնմհետէ Բերդուսն ելաւ յիշխանութենէ Հայոց, եւ էր թուական Հայոց ՈԾԷ:

In the same year King Lewon, because of some problems, seized the sebastius Henri and his sons Kostants' Kumartias, Joscelin, and Baudoin and put them into prison in fetters. Henri was the son-in-law of Lord Yohane's, Catholicos of the Armenians. Thereafter there was discord between King Lewon and the Catholicos, Lord Yohane's. The hatred between them grew so great that the king completely repudiated [Yohane's], and the leaders and princes of Cilicia designated the archbishop of Mamistra and prelate of Ark'akaghni, Lord Dawit', as Catholicos of the Armenians in opposition to him. Lord Yohane's remained in Hromkla like a refugee but he was sustained by his bravery and wisdom. He resisted through many clandestine and open actions against him. Now Sultan Xosrov-Shah, Kilij-Arslan's son, ruled over the land of the Romans as monarch and began to menace King Lewon. Through the encouragement and collaboration of Lord Yohane's, [Xosrov-Shah] came with many troops against Berdus which he battled against and captured. He seized its lord, Grigor, Lewon's son, and thereafter Berdus was no longer under Armenian authority. This happened in the year 657 A.E. [1208].

Իսկ յորժամ առաւ Կոստանդինուպալիս ի զաւրացն Հռոմայեցւոց ի փախուցելոց իշխանացն, Յոյն ոմն զաւրացաւ, եւ Կոստանդինուպալսի յայսկոյս տիրեալ՝ կալաւ զՆիկիա, զՖիլատելֆն, զՊիղաս, զԱնդրամիտն, զԵփեսոս, զԶմիւրնիա եւ զորս այլ ի նոսա յարին բերդեր եւ քաղաքք. եւ թագաւորեաց նոքաւք որ կոչեցաւն Լասքարի, որ էր այր սրտեայ եւ պատերազմաւղ, եւ էր սահմանակից Խոսրով շահ սուլտանին, որք ի խռովութենէ միմեանց հարեալ պատերազմաւ ընդ միմեանս ի գաւառն Խոնաս, սպանաւ սուլտանն ի զաւրացն Լասքարի, եւ նստաւ ի տեղի նորա Ազրտին Գագայուզն. եւ էր թուական Հայոց ՈԾԸ:

101. Իսկ ի ժամանակի յայնմիկ թագաւորն Լեւոն թելադրութեամբ մաւր իւրոյ Ռռիթային, եցոյց ամենայն հնազանդեցելոց իւրոց, մեծամեծաց եւ փոքունց, յայտնի ժառանգ թագաւորութեան իւրոյ զՌովբէն զորդի դստեր եղբաւրն իւրոյ Ռռովբինի, վասնզի ի ծերութիւն եհաս, եւ էր անձամբ տկար վասն ցաւոյն զոր ունէր ի ձեռսն եւ յոտսն, որ կոչէր թագաւորացաւ, եւ ոչ գոյր նորա զաւակ յերանաց իւրոց արու. վասն որոյ միանգամ եւ երկիցս եւ երիցս, յայլ ժամանակս երդմնեցոյց տղային Ռռովբինի զամենեսեան զի նմա ծառայեսցեն յետ մահուանն իւրոյ:

When Constantinople was taken by the Roman troops and the princes had been put to flight, a certain Byzantine became powerful and, ruling on this [eastern] side of Constantinople, he seized Nicaea, Philadelphia, Pega, Adramyttion, Ephesus, and Smyrna as well as the fortresses and cities near them. This man, called Lascari, was courageous and warlike and he ruled over them. He bordered on [the territory of] Sultan Xosrov-Shah. Due to friction between them, they went to war in the district of Xonas. The sultan was slain by Lascari's forces. Then his son, 'Izz ad-din Kaykaus, ruled in his stead. This occurred in 658 A.E. [1209].

101. In this period King Lewon, at the urging of his mother, Rita, displayed to all those obedient to him, the grandees and the common folk, his [chosen] heir apparent to his kingdom, Ruben, the son of the daughter of his brother Ruben. For he had reached old age and was feeble due to the pain he experienced in hand and foot, [an aliment] called "the disease of kings." Furthermore, he had no male heir. Consequently, once, twice, three and more times he made all those under his sway pledge their support to the lad Ruben following his own death.

Եւ կալաւ զիշխանն Գորգ, զորդի Մլեհին ոչ յաւրինաւոր ամուսնութենէ, եւ ետ խաւարեցուցանել զաչս նորա, քանզի էր այր գոռոզամիտ եւ ի զինուորութիւնս արիագոյն, եւ սեղանով առատ, եւ բազումք յարեալ էին ի նա եւ սիրէին զնա, յորս եւ կասկածէր թագաւորն յաղագս հակառակ յառնելոյ ժառանգութեան, սպասելով դիպող ժամու: Եւ զայս այսպէս արարեալ ի քուն ոմանց: Իսկ ի սոյն ամի յարոյց պատերազմ մեծ թագաւորն ի վերայ Անտիոքայ, եւ աւարեալ այրէր զամենայն գեղորայսն, եւ կոտորէր ոչ զմարդ այլ զայգիս եւ զծառս նոցա, եւ զայս առնէր ի բազում ամս եւ ի ժամանակս, եւ խնդրէր իրաւամբք եւ պատերազմաւ զհայրենիսն տղային Ռոռվբինի, եւ ոչ կարաց ածել ի հաւանութիւն զմիականի կոմսն, եւ մեծաւ նեղութեամբ նեղէր զԱնտիոք, յամենայն ամի առանց ձանձրանալոյ:

Եւ յորժամ էր թուական ՈԾԹ առաքեաց թագաւորն Լեւոն զՀեթում, որ տէր էր Լամբրունին, եւ անուանեցաւ Հեղի եւ տէր եղեւ Դրազրկուն, առ Պապն Հռոմայ եւ առ կայսրն Ալամանաց, եւ խնդրէր թագ որդիացելոյն իւրոյ Ռոռվբինի. որ եւ դարձաւ պատուով եւ եբեր զթագն: Ընդ այն ժամանակս գնաց թագաւորն Լեւոն ի կղզին Կիպրոսի, եւ էառ իւր կին զքոյր թագաւորին Կիպրոսի, եւ ոչ համահայր, զանուանեալն Սպիլ, որ էր իմաստուն եւ համեստ եւ երկիւղած ի Տեառնէ. էառ եւ զքոյր թագուհիոյն իւրոյ, ոչ համահայր, պատանւոյն Ռոռվբինի, եւ եբեր յայսկոյս, եւ արարին հարսանիս, եւ կային ուրախութեամբ:

He seized prince Gorg, Mleh's illegitimate son, and had him blinded, for [Gorg] was a contentious man, very brave in military affairs who kept a splendid table; and there were many who cleaved to him and liked him. Thus, the king was suspicious of him, that he would go against his [plans for the] inheritance, awaiting an opportune moment. And this [neutralizing of Gorg] happened because of the slander of certain people. In the same year the king started an extended war against Antioch, and he devastated all the villages, destroying not people, but their vineyards and orchards. And he did this for many months on end, demanding the patrimony of the lad Ruben through law and warfare. But he was unable to force the one-eyed count [of Antioch] into compliance. So he harassed Antioch greatly, for the entire year without any letup.

When the year 658 A.E. [1210] had arrived King Lewon sent Het'um, lord of Lambron, who was called Henri and who had become lord of Drazark, to the Pope of Rome and to the emperor of the Germans. [Lewon] requested a crown for his "son" Ruben, and [Het'um] returned in honor, bringing the crown. During this period King Lewon went to the island of Cyprus and took for a wife the sister of the island's king [a woman] who did not share the same father [as her sister]. She was named Sybil, a wise, modest and God-fearing woman. He also took the sister of his queen, who did not have the same father, for the lad Ruben and brought her here, held the weddings, and remained in joy.

Ի թուին ՈԿ հանգեաւ ի Քրիստոս կաթողիկոսն տէր Դաւիթ: Եւ ի նոյն ամի գնաց Հեթում հայրն Դրազրկուն առ տէր Յոհաննէս կաթողիկոս ի կլայն, եւ համոզեալ հաշտեցոյց զհայրապետն եւ զթագաւորն. եւ նոյնժամայն ազատեաց զորդիս Հեռէ, զՃաւալին եւ զՊաղտինն, եւ միւսն մեռեալ էր: Եւ ի սոյն ամի տէրն Կարնոյ քաղքայ՝ Տուղրիլ շահն, շարժեցաւ բազմութեամբ զաւրաւք եւ եկն ի վերայ քաղաքին Կեսարիոյ, թելադրութեամբ թագաւորին Լեւոնի, որ եւ ինքն զաւրաւք իւրովք գնաց յաւգնութիւն նմա, եւ միաբանեալ տային պատերազմ ընդ եղբաւրորդւոյն իւրոյ Քայքաուզին, եւ կացեալ անդ աւուրս ինչ որ կարացին առնուլ զնա, դարձան ի տունս իւրեանց: Եւ յայսմ ամի մեռաւ մեծ իշխանն Զաքարի, որ էր տէր Անւոյ, եղբայր Եւանէի եւ սպարապետ Վրաց թագաւորին Թամարին, դըստեր Գորգէ թագաւորին, որ էր թագաւոր տանն Վրաց ի ժամանակս թագաւորին Լեւոնի, եւ էր ամաց յառաջագոյն վախճանեալ եւ ունէր զթագաւորութիւնն զայսու ժամանակաւ որդին իւր որ կոչէր Լաշա:

102. Եւ յորժամ եղեւ թուական Հայոց ՈԿԱ եղեւ կատարեալ սէր ընդ թագաւորն Լեւոն եւ ընդ կաթողիկոսն տէր Յոհաննէս, եւ դարձոյց զամենայն աւանս եւ զինչս զոր առեալ էր ի կաթողիկոսէն, եւ ուրախացան յոյժ հեռաւորք եւ մերձաւորք:

In the year 660 A.E. [1211] Lord Dawit', the Catholicos, reposed in Christ. In the same year Het'um, the abbot of Drazark, went to Lord Yohane's, the Catholicos in the citadel, and was able to reconcile the patriarch and the king. Simultaneously he freed the son of Henri, Joscelin, and Baudoin though the other one had died. In the same year Tughril-Shah, lord of Karin city, moved against the city of Caesarea with a multitude of troops at the instigation of King Lewon who had gone there with his troops to assist him. Together they made war against [Tughril-Shah's] brother's son, K'ayk'auz. After remaining there for some days, they each returned to their homes, unable to capture it. In this year the great prince Zak'ari died. He was the lord of Ani and the brother of Iwane', and the sparapet of the Georgian queen Thamar,[20] daughter of King George,[21] who was the king of the House of the Georgians during the time of King Lewon. [Thamar] had died some years earlier and so, in this period, the kingship was held by her son who was called Lasha.[22]

102. When the year 661 A.E. [1212] had arrived, complete harmony was established between King Lewon and the Catholicos, Lord Yohane's, and [Lewon] returned all the villages and properties which he had taken from the Catholicos. And they rejoiced, both near and far.

20 T'amar, 1184-1212.
21 King George III, 1156-1184.
22 George IV, the Resplendent, 1212-1223.

Ի թուին ՈԿԳ ետ թագաւորն Լեւոն զդուստրն իւր զԶռիթայն թագաւորին Երուսաղեմի Ըռէճուանին, որ էր այր սկայաձեւ եւ աստուածապաշտութեամբ կատարեալ, քաջամարտիկ եւ արիագոյն ի պատերազմ: Եւ եկեալ մայստռն Ոսպէթլուն նաւուք ի յԱքքայոյ, ի գետբերանն Տարսոնի, եւ կապեցին զամուսնութեան պայմանն մայստռն եւ թագաւորն, եւ առեալ տարան պսակեցին յԱքքա:

Ի թուին ՈԿԵ յամսեանն փետրուարի ԺԴ Տեառնըն-դառաջին, էառ թագաւորն Լեւոն զԱնտիոք արուեստիւ եւ իմաստութեամբ, քանզի զոր յառաջագոյն մեծաւ պատե-րազմաւ ոչ կարաց ածել ի հաւանութիւն, յետոյ առատա-տուր պարգեւաւք եւ խոստմամբ հաւանեցոյց զոմանս յիշ-խանացն, եւ նոքա բացին նմա զդրունս ի գիշերի, յոր եմուտ բազում զաւրութեամբ, եւ էառ զդրունսն եւ զամե-նայն աշտարակս պարսպին շուրջանակի, եւ ելից զփողո-ցամէջս քաղաքին զաւրաւք բազմութեամբ, եւ բնակիչք քաղաքին ոչ գիտէին: Եւ յորժամ եղեւ առաւաւտ՝ տեսին զքաղաքն լցեալ զաւրաւք եւ ապշեալ յիմարեցան եւ ոչինչ վնաս եղեւ ումեք, եւ ոչինչս յափշտակեալ. այլ պատրի-արգն եւ ամենայն մեծամեծքն առին զթագաւորն Լեւոն եւ զՌովբէն եւ գնացին ի տաճար սրբոյն Պետրոսի, եւ պատրիարգն ձեռնադրեաց զԸռովբէն բրինծ Անտիոքայ, եւ ամենեքեան երդուան նմա որպէս իւրեանց հայրենի տե-առն: Եւ որք ի կլայն էին՝ կացին աւուրս ինչ եւ տուեալ զայն եւս, եւ եկին յերկրպագութիւն բրնծին Ըռովբինի:

In the year 663 A.E. [1213] King Lewon gave his daughter, Rita,[23] [in marriage] to the king of Jerusalem, Jean de Brienne. This man was of gigantic size, completely pious, and a valiant fighter who was courageous in battle. And the magister of the Hospitallers came to Antioch by boat, to the delta at Tarsus, where the King and the magister finalized the terms of the marriage. Then they took [the betrothed] to Acre, where they were married.

In the year 665 A.E. [1216] on the 14th of February, on Candlemasday, King Lewon took Antioch through skill and wisdom. For previously he had been unable to bring it to accept him through extensive warfare. But now, by giving generous gifts and making promises, he was able to convince some of the princes, and they opened the gates for him at night. [Lewon] entered with many troops, seized the gates and all the guard towers about it, and stationed the multitude of soldiers throughout the city streets, without the knowledge of the city's inhabitants. When morning dawned [the residents] saw that the city full of troops, and they were dumbfounded. No one was harmed and nothing was stolen. On the contrary, the patriarch and all the grandees took King Lewon and Ruben to the Church of St. Peter where the patriarch ordained Ruben as prince of Antioch. And everyone swore obedience to him as though he were their native lord. Those who were [holed up] in the citadel held out for a few days and then they also surrendered and came to do obeisance to Prince Ruben.

---

23 *Rita:* also konwn as Estéphémie [Stephanie].

Իսկ թագաւորն Լեւոն հասեալ յայսպիսի գործոյ կատարումն՝ ցնծայր եւ յոյժ ուրախ էր ընդ աստուածային յաջողումնն, քանզի որում յառաջագոյն ինքեանք ծառայէին արար զնա ի ներքոյ իշխանութեան իւրոյ, եւ զուարճանայր ի վերայ Ռովբինի, քանզի էր պատանի գեղեցկատեսիլ, հասակաւ երկայն, հերով խարտեաշ, որպէս թել ոսկւոյ, ձիավարժ գովելի, իշխանական ձեւաւք պատկառելի եւ անձամբ սուրբ: Զայսու ժամանակաւ եղեւ թագաւորին Լեւոնի դուստր, եւ անուանեաց զանուն նորա Զապէլ. յայնմհետէ խորհէր զդուստրն իւր առնել ժառանգ թագաւորութեան իւրոյ, զոր եւ իշխանքն իւր նոյնպէս տային նմա խորհուրդ, թէ յորժամ ետ տէր Աստուած զաւակ յերանաց քոց՝ արա զնա տէր ժառանգութեան քո եւ լոյծ զերդումն մեր զոր արարեալ եմք Ռովբինի, եւ կապեա ընդ դստեր քո, եւ մեք ծառայեմք նմա որպէս արու զաւակի, եւ բաւական է Ռովբինի զոր արարեր եւ հաստատեցեր զնա յաթոռ հայրենեաց իւրոց: Եւ թագաւորն հաւանեցաւ ի բանս իշխանաց իւրոց:

Now when King Lewon had achieved these things, he was ecstatic at his divinely-appointed success, for those who previously had served [only] themselves [Lewon] placed under his own authority. He also was delighted with Ruben, since he was a handsome lad, tall, and with fair hair that resembled gold thread. He was an admirable horseman, with a royal bearing, respectful and personally pure. In this period King Lewon had a daughter who was named Zape'l. Thereafter he thought to make his daughter the heir of his kingdom, and his princes similarly advised him to do so, saying: "When the Lord God grants you a child, make it your heir, and we shall dissolve the compact which we made with Ruben and establish one with your daughter, and we shall serve her as though she were a man. What you have done for Ruben is sufficient, since you have established him on the throne of their [Rubenid] patrimony. The king agreed with the words of his princes.

103. Եւ յայնժամ ելին նաւաւք ի յԱքքա դուքսն Ալամանաց Տաւստրիճն բազում զաւրաւք, եւ ընդ նմա թագաւորն Ունգռաց Անդրէ սակաւ զաւրաւք, եւ տուկ Տաւստռիճն եւ թագաւորն Երուսաղեմի Ըռէճուանն, եւ տունն Ֆրերացն մայստռերովն դամփլն եւ ոսպիթալն ամենայն գովանթովն, եւ լիկաթն ի Հռոմայ, ամենեքեան սոքա գնացին յԵգիպտոս եւ հասեալ Տէմիաթ ուր ամրագոյն պուրճն էր շինեալ ի վերայ նաւահանգստին, եւ կապեալ անյաղթելի սրսլայիւ եւ ոչ կարացին առնուլ ցամաք զաւուրս բազումս, մինչեւ ի նաւսն գործեցին սանդուխս եւ տարեալ մատ ի պարիսպն ելին ի վեր, եւ հազիւ կարացին առնուլ զպուրճն մեծաւ կոտորածով. եւ ելեալ ի ցամաքն շինեցին ի վերայ գետոյն կամուրջ եւ անցեալք յայնկոյս՝ նստեալ ի վերայ քաղաքին պաշարեցին զնա շուրջանակի: Եւ սուլտանն Եգիպտոսի Ցեւոլն, եղբայր Սալահըտնին, եւ որդիք Իտ[]եմ[]ն եւ Աշրաֆն եկեալ բանակեցան ընդդէմ նոցա, եւ ոչինչ կարէին աւգնել քաղաքին եւ ոչ ահոկել զաւրացն քրիստոնէից: Իսկ յորժամ զաւրքն քրիստոնէից ելին յԱքքայոյ եւ կամէին գնալ յԵգիպտոս, թագաւորն Ունգռաց դարձաւ գնալ ի տուն իւր, եւ եկն յաշխարհն Կիլիկեցւոց: Եւ թագաւորն Լեւոն ընկալաւ զնա մեծաւ պատուով եւ տարեալ զնա ի Տարսոն բազում սէր եցոյց նմա, եւ ապա արարին կապակցութիւն սիրոյ ընդ միմեանս խընամութեամբ, զի տացէ զորդին իւր փեսայ թագաւորին Լեւոնի՝ լինել ժառանգ աթոռոյն նորա.եւ հաստատեցին գրով եւ երդմամբ:

103. In this period [crusaders] came to Acre by boat, [including] the duke of the Germans, Duc d'Autriche,[24] with many troops and with him the king of Hungary, André[25] with few troops. The duke of Austria, and Jean de Brienne, king of Jerusalem, and the Maitre du Temple, de l'Hopital, Couvent and the legate of Rome,[26] all went to Egypt. They reached Damietta where a very fortified tower had been constructed over the harbor bound up with an unbreakable chain. They were unable to land for many days until they stacked up boats, came near the wall and barely were able to take the tower, suffering great losses. Then they got on to dry land and constructed a bridge over the river and crossing over on that were able to besiege the city on all sides. The sultan of Egypt, Malik al-Kamil, Saladin's brother, and sons, It[]em[]n[27] and Ashraf, came and encamped opposite them, but were in no way able to aid the city or to intimidate the Christian forces. Now when the Christian troops arose from Acre and wanted to go to Egypt, the Hungarian king turned around and went home, coming [first] to the land of Cilicia. King Lewon received him with great honor and took him to Tarsus, displaying much affection toward him. Then they strengthened those bonds of friendship by establishing marriage relations with each other['s families]. [The Hungarian king] gave his son as a son-in-law to King Lewon and [this son] would inherit [Lewon's] throne. They confirmed this in writing and with an oath.

24 Duc d'Autriche [Léopold VI].

25 André II.

26 Pélage, Cardinal d'Albano.

27 It[]em[]n: letters missing.

Եւ առաքեաց Լեւոն թագաւորն զջամբռլայն իւր զձաւալինն, զտէրն Հաստնոյ Թլին, հետ Ունգռաց թագաւորին՝ ի խնդիր որդւոյ նորա. արար եւ այլ յառաջագոյն խնամութիւն ընդ թագաւորն Լասքարի եւ ետ զդուստր եղբաւրն իւրոյ Ըռովբինի զՖիլիպն նմա կնութեան: Իսկ յորժամ էառ զԱնտիոք Քայքաուզ սուլտանն յԻկոնիոյ՝ խռովեցաւ ընդ նմա, եւ եկն բազում զաւրաւք ի վերայ Կապնուն, նեղեաց զնա եւ ոչինչ կարաց առնել. ապա յազդմանէ չարին կալան զգունդուստապլն Հայոց Կոստանդին, զորդի քեռոյն թագաւորին Լեւոնի, եւ զԿոստանդին որդի Հեթմոյ, եւ զԿեռսակ տէրն Մաղվայոյ եւ այլ իշխանս ընդ նոսա, եւ գնացին ի տեղի իւրեանց:

Իսկ ի թուին ՈԿԸ ետ թագաւորն Լեւոն զբերդն Լուլուա եւ զԼաւզատի եւ ազատեաց զկալանաւոր իշխանսն: Ի սոյն ամի եկն կաթողիկոսն տէր Յոհաննէս առ թագաւորն Լեւոն եւ զՀոռոմկլայն ետ ի ձեռս նորա, վասնզի նեղէր յանաւրինաց. եւ թագաւորն ետ նմա զԴրազարկն զի Հեղի վախճանեալ էր յառաջ:

King Lewon sent his chamberlain, Joscelin, lord of Hasan Tell, along with the king of the Hungarians to see about his son. Previously he had also made marriage relations with Emperor Lascari and gave to him as a wife Philippa, the daughter of his brother, Ruben. Now when Sultan K'ayk'auz of Iconium took Antioch, there was discord between them. He came with many troops against Kapan and harassed it, but was not able to take it. However, through the power of the devil, they seized the constable of the Armenians, Kostandin, son of Het'um, and Kyr Sahak, lord of Maghvay and other princes along with them, and returned to their own place.

In the year 668 A.E. [1219] King Lewon gave the fortresses of Lulua and Lo'zat and freed the captured princes. In the same year the Catholicos, Lord Yohane's, came to King Lewon and he gave Hromkla to him, since he was being harassed by the infidels. And the king gave him Drazark, since Henri had previously died.

Եւ մինչդեռ էր թուական ՌԿԸ պատահեաց ախտ հիւանդութեան թագաւորին Լեւոնի, ուստի եւ մեռաւ իսկ: Եւ մինչդեռ կենդանի էր՝ եկին առ նա իշխանքն իւր, հանդերձ կաթողիկոսիւն տէր Յոհանու, եւ իբրեւ ծանեաւ զինքն թէ փոխելոց է յաշխարհէս, հրամայէր հանել զինքն ի Սիսոյ եւ տանել ճանապարհաւ Ակներոյն զոր ինքն էր շինեալ, զի յորժամ մեռցի՝ անդ տարեալ թաղեսցեն զնա: Եւ ի ճանապարհին կոչէր զամենեսեան եւ խրատէր զնոսա անքակտելի մնալ ի սէր միմեանց եւ արիագոյն ի պահ աշխարհին, եւ անարատ հաւատ պահել տղայ դստերն իւրոյ Զապիլի, զոր թողոյր ժառանգ տէրութեան իւրոյ.

104. Դնէր եւ դաստիարակս տղային իւրոյ զմեծ իշխանն Սիրատան, որ էր տէր բազում բերդից եւ գաւառաց, ի Սելեւկիոյ մինչեւ մերձ ի Կալանաւրաւ, որ անուամբ նորա կոչի մինչեւ ցայսաւր՝ աշխարհ Սիրատնայ: Եւ էր սա աշտիճանաւ սենեսկալ Հայոց, որում յանձն առնէր թագաւորն զդուստրն իւր, հանդերձ պայլլիւն, Յոհաննու հայրապետին եւ իշխանացն ամենեցուն. եւ բանս խրատականս խաւսէր ընդ նոսա: Եւ հասեալ ի գեաւղն Մրվանայ՝ անդ զտեղի կալաւ զի տկարացաւ մարմինն ի ցաւոյն. եւ էր անդ առաքինի վարդապետն Գրիգոր, որ եւ Սկեւռացի ասի, վասն սուրբ հաղորդութեան յետին թոշակին: Եւ որպէս յառաջագոյն պատմեցաք զորդւոյն Ունգռաց թագաւորին, որ հանդերձեալ էր գալ եւ փեսայանալ նմա, զոր պատուէր տայր իշխանաց իւրոց կատարել զեդեալ պայմանս իւր եւ պսակել զդուստրն իւր Զապէլ ընդ որդի թագաւորին յորժամ գայցէ, եւ անյապաղ թագաւորեցուցանել զնա ի վերայ ինքեանց:

While it was the year 668 A.E. [1219], King Lewon grew ill and died of that illness. But while he was still alive, his princes came to him together with Lord Yohane's, the Catholicos. When he realized that he was departing this world, he ordered that he be taken from Sis and taken on the road to Akner, which he himself had constructed, so that when he died he would be buried there. While on the road, he summoned all of them and counseled them to remain unshakable in their love for each other, and brave in the defense of the land, and to keep unblemished faith with his young daughter, Zape'l, whom he had left as the heir of his lordship.

104. He also appointed as tutor of his young daughter the great prince Sir Adam, who was lord of many fortresses and districts from Selewia to [the area] close to Kalo'no'ro's, which to this day is called after his name, the land of Sir Adam. His rank was seneschal of the Armenians, and to him did the king entrust his daughter, together with others [including] the patriarch Yohane's, and all the princes, and he counseled them. Having reached the village of Mrvan, he halted there, since his body had weakened from pain. Present there was a virtuous vardapet, Grigor, who was also called Skewr'ats'i, who administered the final holy communion [to the king]. And, as we mentioned earlier, the son of the Hungarian king was in the vicinity and came to become [Lewon's] son-in-law, and [Lewon] ordered his princes to implement the oaths they had sworn to him and to wed his daughter, Zape'l, with the son of the king [of Hungary]who had arrived there, and to immediately rule as king over them.

Եւ ապա սկսաւ զելիցն իւր ի կենդաղոյս հոգալ, եւ յանձն առնէր զհոգին հոգալ ըստ պատշաճի եւ զմարմինն հանգուցանել ի սուրբ ուխտն Ակներն. եւ կոչէր զսուրբ վարդապետն Գրիգոր եւ խոստովանէր զյանցանս իւր եւ դաւանէր զխոստովանութիւն ուղղափառ հաւատոյն, եւ ընկալեալ հաղորդութիւն ի ձեռաց սուրբ վարդապետին գոհանալով զՏեառնէ, եւ էր մայիս ամսոյ Ա: Եւ եղեւ հակառակութիւն թէ ուր հանգուսցեն զմարմինն, զի կաթողիկոսն տէր Յոհաննէս բռնադատէր ի Դրազարկն տանել, եւ իշխանքն յԱկներն, ուր ինքն հրամայեաց: Եւ իբրեւ փոխեցաւ ի Քրիստոս բարի խոստովանութեամբ, սահմանեցին այսպէս, զի հանցեն զփորոտին եւ տարցեն յԱկներն, եւ զմարմինն տարցեն ի Սիս եւ տապանաւ հանգուսցեն յեկեղեցւոջ իւրում, որոյ ողորմեսցի տէր Աստուած եւ թողցէ զյանցանս նորա:

Ի թուին ՈԿԹ իշխանքն որք ի Կիլիկիա, Հայք եւ Յոյնք, պարոն Վահրամ եւ այլքն որ ի Տարսոնէ, յարեան ի վերայ պայլոյն Հայոց պր. Կոստանդեայ, եւ մոտեցին իբրեւ արս ԵՌ. եւ պայլն սակաւ զաւրաւք կայր ի Սիս: Եւ իբրեւ գնաց առ նա համբաւ նոցայն գալոյ ի Մսիս, յարուցեալ պայլն Հայոց գայր առ նոսա ԳՃ արամբք. եւ իբրեւ եկն ի Մսիս եւ ոչ եգիտ զնոսա եկեալ անդ, ելեալ գնայր ճանապարհաւ Ատանոյ, եւ պատահեաց նոցա ընդ մէջ Ատանոյ եւ Մսսայ, եւ իբրեւ ետես զնոսա յանչափ բազումս՝ սկսաւ քաջալերել զսակաւ զաւրս իւր եւ յորդորել: Իբրեւ հասին ի տեղին յայն ուր փոքր կամուրջն է, յարձակեցան ի վերայ եւ դարձուցեալ զնոսա ի փախուստ եւ տարան մինչեւ ի Տարսոն, եւ ոչ ումեք մեղանչէին սպանմամբ, այլ զերիվարս նոցա եւ զզէնս եւ զհանդերձս առնուին եւ զնոսա դատարկս արձակէին:

Then [Lewon's] spirit began to depart from this world of care, and he concerned himself with what was [spiritually] proper, and [the matter of] burying his body in the blessed congregation of Akner. He summoned the blessed vardapet Grigor and confessed his sins and professed the orthodox faith, and took communion from the hands of the blessed vardapet, thanking God. This happened on May 1st. Then there was contention as to where the body should be buried, for the Catholicos, Lord Yohane's, insisted that the body should be taken to Drazark, and the princes [insisted on] Akner, which [Lewon] himself had insisted on. When he was translated to Christ with a goodly confession, they resolved [the issue] as follows: his entrails would be removed and buried at Akner and his body would be taken to Sis and placed in his tomb in the church. May the lord God have mercy on him and forgive his sins.

In the year 669 A.E. [1220] the princes who were in Cilicia, Armenians and Greeks, baron Vahram and others at Tarsus, some 5,000 men, came against the bailiff of the Armenians, paron Kostandin, in rebellion. Meanwhile the bailiff of the Armenians was in Sis with very few troops. And when news of their coming to Mamistra reached him, the bailiff of the Armenians went toward them with 300 men. When he reached Mamistra and did not find that they had arrived, he arose and went along the road to Adana and encountered them between Adana and Mamistra. Observing their great multitude, he encouraged and exhorted his few troops. When they reached a place where there was a small bridge, they attacked and put them to flight, pursuing as far as Tarsus. They put no one to death, rather they took their horses, weapons, and clothes and released them with nothing.

Իսկ իշխանքն Տարոնի գնացեալ մտին ի քաղաքն եւ փակեալ զդրունսն ելին ի պարիսպն, եւ պատերազմէին ընդ վանիչս իւրեանց. իսկ այր ոմն ի քաղաքէն Վասիլ անուն, բանատու եղեալ առ պայլն, եւ նա խոստացաւ նմա զինչ եւ կամեսցի: Եւ ի գիշերի բացեալ զդրունսն եմուտ պայլն եւ զաւրք իւր ի քաղաքն, եւ յաւար առին զինչս Յունացն: Իսկ իշխանքն այն փախեան ի քաղաքէն եւ ելին ի կլայն որ էր գեղեցիկ եւ անըմբռնելի ամրութեամբ. իսկ իմաստունն Կոստանդին պայլն Հայոց, առանց մարտի եւ զնոսա հաւանեցոյց բանիւք եւ ընդ ձեռամբ էած եւ եդ ի բանտի: Էր ի նոցանէ որ ազատեցան, եւ էր որ անդ վախճանեցան: Ի սոյն ամի կաթողիկոսն տէր Յոհանէս հանգեաւ ի Քրիստոս, եւ թաղեցաւ ի Դրազարկն. եւ ժողովեալ եպիսկոպոսունսն եւ վարդապետսն խորհեցան հաստատել կաթողիկոս Հայոց. իսկ իշխանքն երկպառակեցան զի արքայ ոչ գոյր որ նորա կամաւքն կացուցանէին: Իսկ պարոն Կոստանդին պայլն զտէր Կոստանդին Բարձրբերդցին կամէր, եւ պարոն Կոստանդին Լամբրունցին զԳրիգոր վարդապետն Սկեւռացին, եւ Աստուած որ յամենայն ժամ լսէր Կոստանդին պայլոյն Հայոց, եւ այժմ լուաւ եւ եդին զտէր Կոստանդին Բարձրբերդցին կաթողիկոս Հայոց:

Now the princes of Tarsus went and entered the city, closed the gates, and mounted the ramparts where they warred against those who had expelled them. A certain man from the city, named Vasil, was an informer for the bailiffs who had promised him whatever he wanted. In the evening he opened the gates and the bailiffs and his troops entered the city, looting the Greeks' property. Now those princes fled the city and took refuge in the citadel which was beautiful and impregnably fortified. The wise Kostandin, bailiffs of the Armenians, convinced them with his words [to surrender] without a fight. He arrested them and put them into prison. There were those among them that he freed, and those who died there. In the same year the Catholicos, Lord Yohane's, reposed in Christ and was buried at Drazark. Then the bishops and vardapets assembled and deliberated to select a new Catholicos of the Armenians. Now it happened that the princes were divided since there was no king whose choice they could implement. The bailiffs, baron Kostandin, wanted Lord Kostandin Bardzrberdts'i [for Catholicos] while baron Kostandin Lambrunts'i wanted vardapet Grigor Skewr'ats'i. God who always heeded [the wishes of] Kostandin, bailiffs of the Armenians, at this time also listened, and so they enthroned Lord Kostandin Bardzrberdts'i as Catholicos of the Armenians.[28]

28 Kostandin I Bardzrberdts'i, 1221-1267.

105. Իսկ ի թուին ՈՀԱ փեսայացուցին եւ թագաւորեցուցին զորդի կոմսին Տրապալսոյ եւ բրնծին Անտիոքու՝ զՖիլիպն տանն Հայոց, տալով նմա ի կնութիւն զդուստր թագաւորին Լեւոնի զԶապէլն, զի Ունգռաց թագաւորին որդին ոչ եկն յորժամ լուաւ զմահ թագաւորին Լեւոնի։ Եւ Ֆիլիպն յորժամ եղեւ թագաւոր՝ սկսաւ եղջիւր ածել իշխանացն Հայոց, արհամարհէր զնոսա, որ եւ զինչս թագաւորին Լեւոնի ժողովեալ եւ զնախնեաց նորա եւ սկսաւ փոքր փոքր յԱնտիոք տանել։ Իսկ իշխանքն Հայոց ոչ տարան այնպիսի գործոյն, այլ ըմբռնեցին զնա եւ եդին յարգելանս, եւ եղեւ խռովութիւն մեծ ընդ նոսա եւ ընդ անտիոքացիսն մինչեւ բարձաւ նա ի միջոյ եւ ապա եղեւ խաղաղութիւն։

Ի թուին ՈՀԵ ժողովեցան իշխանքն Հայոց հանդերձ կաթողիկոսիւն տէր Կոստանդեաւ, եւ եդին թագաւոր զՀեթում որդի Կոստանդեայ պայլոյն Հայոց՝ տալով նմա զԶապէլ դուստր թագաւորին Լեւոնի։ Եւ յայնմհետէ եղեւ խաղաղութիւն տանն Հայոց, եւ ամ յամէ ջանային ի բարձրութիւն։

Ի թուին ՈՀԸ եկն ըմբրուրն Ալամանաց յայսկոյս ծովուն ովկիանոսի, եւ գնաց յԵրուսաղէմ եւ էառ զնա յանաւրինացն, եւ զնոսա բնաջինջ արար։

ՅԻՇԱՏԱԿԱՐԱՆ

Ա. Յիշեցէք ի Քրիստոս եւ Աստուած ողորմի ասացէք։ Ես Սիմիոն վարդապետս Ապարանցի զայս գիրս գրեցի։

Բ. Ամէն մարդ զիւր կեանքն իմանայ, շուտով խոստովանի, իւր մեղաց դառնայ։

105. In the year 671 A.E. [1222] they took Phillip, son of the count of Tripoli and prince of Antioch, gave him as a wife King Lewon's daughter, Zape'l, and made him king of the House of the Armenians. [This was] because the son of the king of Hungary had not come when he heard about the death of King Lewon. As soon as Phillip had become king, he became tyrannical toward the Armenian princes, loathing them, and, gathering up the belongings of King Lewon, insulted him and gradually started taking [Lewon's accumulated] wealth to Antioch. Now the Armenian princes did not stand for such things. Consequently, they seized [Phillip] and incarcerated him, and there was great contention between them and the Antiochenes, until [Phillip] was eliminated. And then there was peace.

In the year 675 A.E. [1226] the Armenian princes, together with the Catholicos, Lord Kostand, assembled and enthroned Het'um, son of Kostandin, bailiffs of the Armenians, and also gave him [as a wife] Zape'l, King Lewon's daughter. Thereafter there was peace in the House of the Armenians, and year by year they strove for the heights.

In the year 678 A.E. [1229] the emperor of the Germans [Frederic II] crossed over the sea and went to Jerusalem, which he took from the infidels. And he exterminated them.

COLOPHON

A. Remember Christ and say 'God have mercy.' I am Simion vardapet Aparants'i, the one who wrote this document.

B. Every man who understands his life should quickly confess and turn from his sins.

106. Եւ յաւուրքս յայս շարժեցաւ դիւական բարկութիւն ի թագուհին Զապէլ եւ ուզեց երթալ տեսնուլ զիւր մայրն յԱւսպիթլուն բերդն ի Սելեւկիա եւ գնաց եւ խռովեցաւ ընդ թագաւորն եւ ընդ ամէն Հայք: Նա պարոն Կոստանդին ժողովեց հեծեալ ու գնաց, իջաւ առաջի Սելեւկիոյ, նա աւսպիթալն վանաց որ շատ կու ծախվէր զինքն Սելեւկիա, ու կու վախէին ի յԱըստին սուլտանէն, նա ուզեց տալ զբերդն թագուհովն ու սէր ունենալ ընդ Հայք: Եւ ֆրէրբեր դրանն այս կերպովս ետ, եւ ասէ թէ զբերդս Լեւոն թագաւորն ետ մեզ, մեք չկարեմք ասել ընդ իւր դուստրն թէ ել ի բերդէս, ապա մեք կու ելնենք, դուք առէք զբերդն ու զինքն. եւ այս ցեղ առին զՍելեւկիա ու զթագուհին:

Ի յայս աւուրքս երեկ Հալպայ սուլտանն շատ հեծելով ի վերայ Պաղրսայ, եւ չկարաց առնուլ: Ի սոյն ամ ծնաւ թագուհին Զապէլ զանդրանիկ որդին Լեւոն:

Եւ յայս աւուրքս մտաւ Թաթարն ի Հոռոմք. նա սուլտանին մայրն էառ զիւր դուստրն, ու փախաւ ի Կիլիկիայս: Եւ Թաթարն յղարկեց ի հետ ի Հեթում թագաւոր թէ տուր զփախստականդ, թէ չէ քո ամէն սէրն որ հետ մեզ դրիր նա սուտ է: Նա վախեցին որ Թաթարն չլցուէր յերկիրս, տուին: Նա ոխացաւ սուլտանն Քայ Խոսրով Շահն եւ ամէն Տաճկունք, ժողովեաց հեծեալ, եւ առաջնորդութեամբ պարոն Կոստանդեայ Լամբրոնի տիրոջն, մտաւ ընդ Պապառոնին լեառն ի վայր, ու այրեաց զամէնն:

106. In these days diabolical anger moved Queen Zape'l who wanted to go to see her mother at the Hopitaller fortress in Selewkia. She left [the king] and [this] caused discord with the king and all the Armenians. Baron Kostandin assembled the cavalry and went [after her], and encamped opposite Selewkia's Hospitaller monastery which paid a good deal to Selewkia and was frightened of Sultan ʻIzz ad-Din. He wanted to give up the fortress with the queen and establish friendship with the Armenians. The Freres replied in this fashion: "King Lewon gave this fortress to us. We cannot say to his own daughter, 'Get up and leave the fortress.' So we will depart, then you take the fortress and her." In this way did they capture Selewkia and the queen.

In this period the sultan of Aleppo came with much cavalry against Baghras, but was unable to take it. In the same year Queen Zape'l gave birth to her first-born son, Lewon.

In these days a Mongol (T'at'ar) [commander] entered Rum. The sultan's mother took her daughter and fled to Cilicia. The Mongol sent to King Het'um [ordering him] to give up the fugitives. "Otherwise," he said "all the friendship you established with us will be [proven] false." They were frightened lest the Mongols pour into the country, and so they gave [them the fugitives]. Sultan K'ay Xosrov-Shah and all the *Tachiks* were enraged, and so [the sultan] assembled his cavalry and, under the leadership of baron Kostandin of Lambron, entered [Cilicia] at a place down the mountain from Papar'on, burning everything.

Եւ թագաւորահայրն պարոն Կոստանդին ու Սմբատ գունդստապլն եկին մտան ի Տարսուս, եւ թագաւորն իւր հեծելովն կայր ի յԱտանայ: Թուրքն սղարեաց զՏարսուս, իջան ի դարոտն հետ գետին, գերեցին զամէն երկիրն եւ կեցան վեց աւր, եւ ապա ել ածին որ ելնէին ընդ Կուկլկայ կապանն: Թագաւորն հեծելովն ի հետ ել, եւ թագաւորահայրն եւ Սմբատ գունդստապլն, եւ հասին ի տեղ մի որ Մայծառ ասեն: Նա դարձաւ անթիւ շատ ի յետ: Մեք դիպաք ու Աստուծով խանգարեցաք, եւ կոտորելով վարեցաք ինչվի Պուտանդէ:

107. Նա յետ այլ մէկ տարւոյ, ի թուին 695 արարին շատ ժողովք, ու եկին մտան ընդ Կուկլկայ կապանն երկու հարիւր եւ վաթսուն հազար մարդ, եւ բոլոր պատեցին զՏարսուս, թագաւորահայրն եւ ես Սմբատ գունդստապլս մտաք ի Տարսուս: Եւ եթէ զամէն նեղութիւն բաքնաց ու զկռիւ գրեալ է աք նա կարի շատ էր լեալ: Հայնց որ ի ջրմտին դեհն ու ի ջրելին աղէկ նետընկէց մի փլուցին զպարիսպն. շատք մեռան յերկուց կողմանց, բայց ի դրացէն հարիւրապատիկ զի ունէաք ընդ ներքս աղէկ Ֆռանկի չարխաւորք:

Եւ ապա եկն դեսպան ի Թաթարէն որ թողէին ելանել, նա չէաք ի լսել, վասնզի զքաղաքն առած ունէին, նա զայդ որ շատ է խնայել Աստուած ի քրիստոնեայքն զնոյն եւ յայնժամ. որ նստեալ էր սուլտանն Խիաթ Ատինն յիւր բերդն ի Կալոնոռոսն, ու կու խմէր լոկ ասաց քովս քովս ու մեռաւ: Նա ամիրայքն որ ի վերայ Տարսուսու կային երբ լսեցին նա ի զրոյց մտան ընդ թագաւորն, ուզեցին զՊրականա որ սիրով ի տուն երթային, նա թագաւորն երետ որ ելան ու գնացին:

The king's father, baron Kostandin, and Constable Smbat went and entered Tarsus, while the king and his cavalry were at Adana. The Turks besieged Tarsus, descended beyond the river's mouth and enslaved the entire country, remaining for six days. Then they arose and went through the pass at Kukla. The king pursued with his cavalry, as did the king's father and Constable Smbat. They caught up [with the Saljuqs] at a place called Maytsar' and were able to retrieve countless numbers [of captives]. We were there and touched God['s mercy] and were able to descend to Putande with the wounded.

107. After one year, in the year 695 A.E. [1246], [the Saljuqs] held many musters and two hundred sixty-thousand of them came and entered [Cilicia] through the pass at Kuk-lka. They all surrounded Tarsus, while the king's father and Smbat the Constable entered it. Were we to write about all the harassment from bombs and fighting, it would be quite an extensive account. Some [of the enemy] went into the water[29] and demolished a section of the wall. Many died on both sides but [the enemy] lost a hundred times more, since we had good Frankish warriors with us inside.

Then an emissary came from the Mongols for him to leave off [the siege] and depart. But he would not listen, for they had taken the city. That city, which God had often preserved for the Christians, again was spared. Sultan Ghiyath ad-Din sat nearby in his fortress at Kalonor'os, doing nothing but drinking, and he died. The emirs were encamped over Tarsus when they heard [about the death], and so they entered into negotiations with the king. They wanted Prakana and if they received it, they would go home in friendship. Thus the king surrendered it so that they would arise and go.

29 Possibly, of the moat.

Եւ չէաք իմացեր զսուլտանին մահն, զի կարէաք նե-ղել, յետ երկու տարւոյ գողացաք զՊռականա: Եւ ընդ կամքն Աստուծոյ մի ոք պարծիցի փախչել, զի որչափ ի վերայ մեր կացին կաթ մի անձրեւ չեկաւ, երբ որ սէրն եղաւ նա ի քսան աւր գիշեր եւ ցերեկ չկտրեցաւ, եւ եղեւ ամէն աշ-խարհ մէկ ծով: Յայնժամ որ ելան հարիւր հազար մարդ աւելի ոտով սպանին եւ ջրախեղդ սատակեցան. շատ պիղծ էաք այրել իւրեանց թէ չէաք երդուեալ:

Ի թուին 697 գնացի ես Սմբատ գունդստապլս ի Թա-թարն եւ ի թուին 699 դարձայ առ իմ եղբայրն Հեթում թա-գաւորն:

108. Պատմութիւն Չ թուականին թէ զինչ գործեցաւ ի նմա:

Ի թուականին Հայոց ՉԱ թագուհին Հեթմոյ արքային Զապէլ, դուստր թագաւորին Լեւոնի, փոխեցաւ առ Քրիս-տոս ի յունուար ամսոյ ԻԲ, յաւուր երկշաբաթու ի մտանել առաջաւորին պահոցն: Եւ էր սա զարդարեալ ամենայն առաքինութեամբ եւ բարեգործութեամբ: Ծնաւ սա երիս ուստերս, առաջնոյն կոչեցաւ Լեւոն, երկրորդին Թորոս եւ երրորդին Ռովբէն, այլ եւ դստերս ծնաւ Ե եւ զմի դուս-տրն որ անուանէր Ֆիմի ամուսնացուցին ումեմն Ֆռանգի, Ճուլիան անուն, տէր գոլով Սայիտոյ, որ եւ յետոյ կորոյս զՍայիտէ խաղալով ի ֆսուս, զոր եւ գնեցին խաչազգեստքն դամփլցիք:

We did not [then] know about the sultan's death, for we were being harassed. But after two years we stole back Pr'aka-na. Through the will of God, no one dared to flee. Not a drop of rain had fallen, but when friendship had been established, it rained for twenty days and nights without cease. And the entire land turned into one big sea. At that point, when more than one hundred thousand men arose, they were trampled and died and also perished by drowning. We burned many of the detestable [soldiers] since there was no oath.

In the year 697 A.E. [1248] I, Constable Smbat, went to the T'at'ars and in the year 699 A.E. [1250] I returned to my brother, King Het'um.

108. History of [the decade starting with] 700 A.E. [1251] and the events occurring in it.

In the year 701 A.E. [1252] King Het'um's queen, Zape'l, who was the daughter of King Lewon, passed to Christ on Monday, January 22 at the beginning of feast of Lent. She was adorned with every virtue and benevolence. She had born three sons, the first named Lewon, the second, T'oros, and the third, Ruben, as well as five daughters. One of the daughters, whose name was Euphemie, was wed to a certain Frank named Julian, being the lord of Sidon. [Subsequently] he lost [the lordship of] Sidon through a game of dice, and the crusading Templars purchased it.

Ի թուին ՉԲ Հեթում արքայն Հայոց փոխեաց զինքն ի կերպս սպասաւորի գրաստու, եւ ել յերկրէ իւրմէ Կիլիկւոյ սակաւ արամբք եւ դէմ եդեալ գնայր յարեւելս առ ազգն նետողաց, առ խանն որ կոչէր Մանգոյ, եւ բազում ահիւ անցեալ գնայր ընդ մէջ Իսմայելացւոց ցեղիցն, որ բնակեալ էին յերկիրն Գամրաց, եւ առաջնորդէր նմա աբեղայ մի Բարսեղ անուն, որ եւ բազում անգամ ճանապարհ արարեալ էր ընդ նոյն պողոտայ: Եւ հասին մինչ ի սահմանս Թէոդուպաւլեաց, ի տեղի ուրեմն որ կոչի Վարդենի, եւ իջեվանեցան ի տուն ուրումն իշխանի Քուրդ անուն, եւ մընային ընծայիցն զոր պատրաստեալ էին խանին, զի հասուսցեն յերկրէն Կիլիկոյ, տանել զկնի իւրեանց: Եւ թագաւորահայրն Կոստանդին պատրաստեալ զկարասին յղեաց առ թագաւորն Հեթում հաւատարիմ արամբք: Եւ յայնժամ թագաւորն առեալ զամենայն ցանկալի տեսողաց ընծայսն, գնաց առ խանն Մանգոյ եւ մատոյց նմա, եւ խանն ուրախութեամբ ընկալաւ զթագաւորն Հեթում, եւ զինչ եւ խնդրեաց ի նմանէ՝ շնորհեաց նմա, եւ ետ ի սպասաւորաց իւրոց ընդ թագաւորին գալ յաշխարհ իւր Կիլիկիա, զՄարկատեա, որ էր միականի, եւ զՊաչոյ: Ի սոյն ամի, տարեալ զդուստր արքային Հեթմոյ զՍիպիլն, ամուսնացուցին Պեմունտ բրնձին Անտիոքու եւ կոմսին:

In the year 702 A.E. [1253] King Het'um of Armenia disguised himself as a servant with a pack animal, arose from his country of Cilicia with a few men, and headed East to the Nation of Archers [Mongols], to the Khan named Mongke. With great dread he crossed through the country of Cappadocia where Ishmaelite tribes dwelt. He was led by a monk named Barsegh, who had taking the same route on many occasions. They reached the borders of Theodosiopolis and lodged in the home of a certain prince K'urd, in a place called Vardeni, where they waited for the gifts which they had readied for the Khan to arrive from the country of Cilicia, [since they had been] sent after them. Kostandin, the king's father, had prepared the goods and sent them to King Het'um with trustworthy men. Then the king took those gifts which were all most desirable and went to Mongke-Khan. He gave them [to Mongke-Khan] and [Mongke-Khan] joyfully received King Het'um, granting him whatever he requested. [Mongke-Khan] also placed his own attendants—Markatea, who was one-eyed, and Pach'u—among with those who had come from the land of Cilicia. In the same year they took Sipil, daughter of King Het'um, and married her to Bohemond, prince of Antioch and count of Tripoli.

Ի թուին ՉԳ յարեաւ ոմն Թուրքման ի խորանաբնակացն Իսլամպակ անուն, եւ յարեցան ի նա ի նոյն սեռէն որք Աղաչարիք կոչեցան, եւ բազում նեղութիւն ածին քրիստոնէից. աւերեցին բազում տեղիս առ ստորոտով լերինն Տաւրոսի, գերելով եւ հրկէզ առնելով, որ եւ զգեղաքաղաքն Կրակկայն գերեցին եւ այրեցին, եւ յետ սակաւ աւուրց սատակեցաւ շունն այն եւ խաղաղացաւ երկիրն այն լեռնային:

109. Ի թուին ՉԴ իշխանն Ճաւֆրի յերկրէն Կիլիկոյ, որ էր ներքինի ի մարդկանէ եղեալ, եւ էր ազգաւ քրիստոնեայ, բարիոք խոստովանութեամբ փոխեցաւ ի կենցաղոյս:

Ի թուին ՉԵ յամսեանն սեպտեմբերի, եկն արքայն Հայոց Հեթում յանուանեալ խանէն Մանգոյէ, եւ ընդ որ ի գընալն գաղտագողի անցանէր, ի դառնալն ընդ նոյնն իբրեւ զառեւծ գայր ընդ մէջ նոցա: Եւ եկեալ եհաս խաղաղութեամբ մինչեւ ի դղեակն որ կոչի Բարձր, ուր էր հայրն իւր Կոստանդին, եւ ուստերք եւ դստերք իւր, եւ ուրախացան յոյժ: Եւ ապա ի սոյն ամի, յամսեանն հոկտեմբերի, աշխարհաժողով արարեալ թագաւորն Հեթում, հանդերձ հարազատաւք իւրովք եւ համաւրէն ազգայնաւք եւ ազատաւք, որ եւ աւէին թէ ժողովեցան իբրեւ բիւրս Ժ եւ արշաւեաց նոքաւք ի գաւառն Հոռոմոց, առ ստորոտով լերինն Տաւրոսի, մերձ ի քաղաքն Առակլի, ի փողն Եկեղեցեաց, եւ ի Մուրանդին, եւ անդ շահեցան բազում արջառս եւ ոչխարս, ձիս եւ ջորիս, ծառայս եւ ոսկիս, եւ բազում աւարաւ դարձաւ յաշխարհին իւր, եւ ուրախացան ոչ սակաւ աւուրս:

In the year 703 A.E. [1254] there arose a certain one of the tent-dwelling Turkmens named Islampak. From the same line, those called Aghach'arik' joined him and created numerous difficulties for the Christians. They burned many places at the base of the Taurus Mountains, enslaved and burned the town of Krakka. But after a few days that dog perished and that mountainous country was in peace.

109. In the year 704 A.E. [1255] Prince Geoffrey from the country of Cilicia passed from this life with good confession. He was a eunuch, and from a Christian family.

In the year 705 A.E. [1256] in the month of September, Het'um, king of the Armenians, came back from Mongke, who had been designated Khan. And if, in going to him, he had moved clandestinely, in his return he went through them like a lion. He came peacefully and reached the village called Bardz [Bardzrberd] where his father, Kostandin, and his sons and daughters were, and they rejoiced exceedingly. In the same year in the month of October, King Het'um convened an assembly, together with his brothers and all his relations and gentry. And they say that they had assembled some 100,000 men and with them he invaded the district of Rum by the base of the Taurus Mountains, near the city of Ar'akil in the corridor of Churches and in Murand. There he gained many cattle, sheep, horses, and mules, servants and gold, and he returned to his own land with much booty. They rejoiced for many days.

Ի սոյն ամի կամեցաւ թագաւորն Հեթում ձիաւորեցուցանել զանդրանիկ որդին իւր Լեւոն: Եւ եկն ի մայրաքաղաքն Մսիս եւ առաքեաց յԱնտիոք եւ կոչեաց զփեսայն իւր զՊեմունտ բրինձն Անտիոքայ եւ կոմսն Տրապալսոյ գալ առ ինքն հանդերձ կենակցաւն իւրով: Եւ նոյն աւրինակաւ յղեաց եւ առ Ճուլիան տէրն Սայիտոյ գալ հանդերձ կենակցաւն իւրով. նա եւ զգունթէս Ճաֆուն, եւ զամենայն բարեկամս իւր մեծարեաց գալ յայսկոյս: Որ եւ ի վանաւրէից զամենայն դասս եկեղեցականացն ժողովեաց յառաջիկայ ուրախութեան գործն: Եւ ձիաւորեցուցին զնա ի թուականին ՉԵ յամսեանն նոյեմբերի ԺԵ աւրն, եւ ուրախացաւ թագաւորն ուրախութիւն մեծ հանդերձ հարբն իւրով եւ ամենայն զարմիւքն եւ ժողովովն որ եկեալ էին:

110. Ի թուին ՉԷ չու արարեալ ազգն նետողաց եկեալ հասին ի վերայ քաղաքին Բաբելոնի, ամենայն հազարապետք եւ հարիւրապետք եւ գլխովին գլուխ նոցա խանն Հուլայուն, եւ պատեալ զնա սաստկապէս նեղէին: Իսկ բընակիչք քաղաքին բազում էին յոյժ, այլ եւ ժողովեալ էին ամենայն ազգ Մսլմնաց անդ յաղագս Բ պատճառի.

In the same year King Het'um wanted to seat his eldest son, Lewon, on a horse. He went to the capital of Mamistra and sent to Antioch summoning his son-in-law, Bohemond, prince of Antioch and the Tripoli area, to come to him with his company. Similarly he sent to Julian, lord of Sidon, to come with his company. He also sent to [Marie], the Countess of Jaffa, and glorified all her relations to come to him. All ranks of the church monastics assembled before him for the joyous event. And they placed Lewon on a horse in the year 705 A.E. [1256] on the fifteenth day of November to the great joy of the king and his father and his entire family and those who were present.

110. In the year 707 A.E. [1258] the Nation of Archers came against the city of Babylon [Baghdad] with all their chiefs of thousand[-man brigades] and hundred[-man brigades], having Hulegu-Khan as their supreme chief. They besieged the city and fiercely afflicted it. The inhabitants of the city were extremely numerous, and in addition, all races of Muslims had assembled there for two reasons:

Առաջին զի ամաւ միով յառաջագոյն լուեալ էին վասն գալոյ խանին ի վերայ ինքեանց, եւ զամենայն պատրաստութիւն պատերազմի կազմեալ էին. եւ երկրորդ պատճառ զի խալիֆայն որ նստէր ի Խահիրէ՝ փոխեցաւ անտի ի ժամանակս բռէ Պաղտին արքային որ նստէր յԵրուսաղէմ եւ նեղէր ի վերայ Եգիպտոսի, եւ եկեալ սուլտանն Հալպայ եսպան զխալիֆայն, եւ յայնմհետէ փոխեցաւ պեղծ աթոռ հայրապետութեան նոցա ի Պաղտատ, եւ վասն այնորիկ ժողովեալ էին անդ հրամանաւ առաջնորդին նոցա: Յայնժամ ելին բնակիչք քաղաքին ընդդէմ նոցա ի պատերազմ, եւ արարին բազում կոտորածս ի զաւրսն նետողացն, եւ դարձուցին զնոսա փախստական, եւ սակաւ մի վարեալ զնոսա դարձան ի քաղաքն, նոքա կրկնեալ դարձան ի վերայ քաղաքին ի պատերազմ, եւ յղեալ խալիֆայն առ խանն Հուլայուն եւ ասէ. առ զզաւրս քո եւ ել գնա ի մէնջ զի մի՛ գուցէ յորժամ հանիցեմ զպատմուճանն պատգամաբերին մեր ի տեսս մարդկան՝ առ հասարակ կորիցէք, այլ եւ գոն ի ձեզ որ ի կրաւնից մերոց են ճանապարհ եւ ի նոսին իսկ խնայեմ: Եւ յորժամ լուաւ խանն զբանս նորա, ծաղր առէին զխալիֆայն եւ ընդ ծամելիսն թքանէին, որպէս թէ յերեսս խալիֆային, եւ Հուլայունն բարձրաձայնեալ ասէր. աւգնութեամբ Աստուծոյ եւ Չանկզխանին խրատովն, զամենեսեան որ պարծիք ի պատգամաբերն՝ ի սուր սուսերի մաշեսցուք:

First, one year earlier they had [already] learned about the Khan's intentions to come against them, and so they had made all preparations for war. The other reason was that the caliph who had resided in Cairo had transferred thence during the time when King Baudoin resided in Jerusalem and was harassing Egypt. The sultan of Aleppo had slain the caliph and thenceforth the filthy seat of their patriarchate had been transferred [back] to Baghdad, and thus they had assembled there at the command of their leader. The residents of the city arose against [the Mongols] in battle and killed many troops of the Nation of Archers, putting [others] to flight. After pursuing them a bit, they returned to the city and [the Mongols] turned back upon the city for battle. The caliph sent to Hulegu-Khan, saying: "Take your forces and depart. Otherwise, when I bring forth the robe of our prophet [Muhammad] for people to see, you will be destroyed one and all. But those among you who are of our faith I will spare if they are [already] on the road." When the khan heard these words, he ridiculed the caliph, and spat while chewing, as though spitting on the caliph's face. And Hulegu loudly declared: "By the aid of God and the yasax of Chingiz-Khan, I will put to the sword all of you who boast of your prophet."

Եւ յորժամ լուան՝ եկին Բ կողմանքն ընդդէմ միմեանց ի պատերազմ. եւ ազգն նետողաց յարձակեցան ի վերայ նոցա, եւ առ հասարակ ճիչ բարձեալ բախեցին զնոսա սաստկապէս, եւ դարձուցեալ ի փախուստ եւ զհետ նոցա մտեալ ի քաղաքն՝ կոտորեցին առ հասարակ զայր եւ զկին, մինչ զի լայնատարած գետն Եփրատ որ ընդ մէջ քաղաքին անցանէր՝ բազում աւուրս արիւնախառն գնայր: Եւ այնչափ կոտորեցին՝ մինչեւ լքեալ դադարեցան. եւ կացուցին նոցա գլխաւորս եւ հարկապահանջս, եւ բազում աւարաւ դարձան ի տեղի իւրեանց: Ի սոյն ամի հարազատ եղբայրն Հեթմոյ արքային, եւ կրտսերն Լեւոն հանդերձեալ էր գնալ ի Կիպրոս՝ առնուլ իւր կին, եւ պատրաստեալ էր զամենայն պէտս հարսանեացն նաւաւք եւ մնայր հողմոյն հիւսիսոյ. եւ յարուցեալ եկն առ հայրն իւր Կոստանդին զի աւրհնեսցէ զնա, եւ պատահեաց նմա ախտ հիւանդութեան ուստի եւ մեռաւ ի մայիս ամսոյ Լ աւրն ի քաղաքն Ատանա: Եւ բացեալ զփոր նորա եւ առեալ մասն ինչ տարան ի սուրբ ուխտն Ակներն թաղեցին, եւ զմարմինն տարեալ ի սուրբ ուխտն Մլիճին, որ էր մերձ ի Պապեռաւնն եւ անդ հանգուցին: Եւ յայնմ աւրէ եմուտ տրտմութիւն առ թագաւորահայրն Կոստանդին եւ առ թագաւորն Հեթում, եւ առ ամենայն ազգատոհմ նոցին: Ի սոյն ամի Թուրքման ումն, Սարում անուն, ժողովեաց արս ոչ սակաւս եւ եկեալ ի գեղաքաղաքն Կրակկայն եւ եգիտ զնոսա անպատրաստս, գերեաց զբազումս եւ առեալ գնաց անվնաս, եւ յետ փոքր մի ժամանակի սատակեցաւ:

When they heard this the two sides arose to fight each other. The Nation of Archers attacked them and, shrieking out [war cries], they beat them severely. [The defenders of Baghdad] turned back in flight and [the Mongols] pursued them into the city, generally killing men and women to the point that the wide Euphrates River, which ran through the city, was the color of blood for many days. After such a slaughter they stopped. And then they designated chiefs and tax collectors over [the conquered population] and returned to their own place with enormous booty. In the same year King Het'um's true younger brother, Lewon, prepared to go to Cyprus to take a wife. He had everything required for the marriage put on boats and was awaiting a north wind. So he arose and came to his father, Kostandin, to be blessed by him. However, it happened that [Lewon] grew ill and died on May 30th in the city of Adana. They opened his stomach and took a portion [of his organs] to the blessed congregation of Akner, where they were buried. His body was taken to the blessed congregation of Mlich, which is near Paper'o'n, and buried there. From that day forth, sorrow was visited on the king's father, Kostandin, and on King Het'um and on all their clan. In the same year a certain Turkmen named Sarum assembled not a few troops and came to the village of Krakka. Finding it unprepared, he enslaved many people and then took them away unharmed. But after a short time he perished.

Ի թուին ՉԸ թագաւորն Հեթում ԲՃ արամբք մտեալ ի նաւ գնաց ի Տրապալիս, առ ի խաղաղացուցանել զփե-սայն իւր որ էր բրինծ Անտիոքու եւ կոմս Տրապալսոյ, զի ընդ իշխանս իւր եւ ընդ նա քսութիւն ինչ էր անկեալ, եւ թագաւորն հաշտեցոյց ի մէջ նոցա եւ դարձաւ յաշխարհն իւր: Ի սոյն ամի ի տաւնի գալստեան Հոգւոյն սրբոյ, եղեւ ժողով մեծ ի Տարսոն քաղաք, եւ յետ աւուրց ինչ ձեռնա-դրեցին զարքայեղբայրն զՊաղտինն եպիսկոպոս, եւ ան-ուանեցաւ տէր Յոհաննէս: Ի սոյն աւուր ձիաւորեցուցին զորդի թագաւորին զԹորոսն: Իսկ յառաջ քան զայս՝ իշ-խան ոմն ,ազգաւ Յոյն Աւշին անուն, գողացաւ զդղեակն Մունդաս, եւ սուլտանն Հոռոմց Ռուքնատինն իբրեւ լը-սաւ՝ ժողովեաց ի զաւրաց իւրոց բազումս, եւ եդ նոցա գըլ-խաւորս եւ առաքեաց ի վերայ անուանեալ դղեկին Մուն-դասու պաշարել զնա, եւ ելեալ ի նոյն բերդէն մի ոմն եկն առ թագաւորն Հեթում.

111. Եւ պատմեաց զայնքան հաւաքելոց քրիստոնէ-իցն ի դղեակն յայն, եւ զգալ սուլտանին ի վերայ նոցա: Եւ թագաւորն հրամայեաց զորաց իւրոց ժողովել, եւ առեալ զնոսա գնայր վաղվաղակի, եւ եհաս մինչեւ ի սահմանս բերդին: Եւ էր ընդ թագաւորին կենսունակ սուրբ նշանն որ անուանի Կաւսիտառցի, յորմէ եղեւ մեծ սքանչելիք, զի ի գի-շերին մինչ գնային զաղտագողի՝ երեւէր ամենեցուն, զի ղամբար վառեալ երթայր առաջի թագաւորին: Եւ իբրեւ մաւտ եղեն ի բերդն եւ գնային ի վերայ ձիւնի, եւ էր յուլիս ամիսն, եւ ասպասալարն Լեւոն, մականուն Ապլհասնանց, յառաջագոյն գնայր, եւ եգիտ ի վերայ ճանապարհին գունդ մի ի զաւրաց անաւրինացն զոր կացուցեալ էին պահապան զաւրաց իւրեանց, եւ յայնժամ յարձակեցան յիրեարս, եւ պարտեալ անաւրինացն՝ ի փախուստ դարձան, եւ գնացին մինչեւ յԱռակլի:

In the year 708 A.E. [1259] King Het'um took ship with 200 men and went to Tripoli, to make peace between his son-in-law, the prince of Antioch and count of Tripoli, and his princes since there was rancor between them. The king reconciled them and then returned to his own land. In the same year on the feast of Pentecost a great assembly was held in the city of Tarsus and after some days they ordained as archbishop the king's brother, Baudoin, calling him lord Yohane's. On the same day they seated on a horse the king's son, T'oros. However prior to this a certain prince named O'shin who was of Byzantine nationality stole the keep of Mundas. As soon as Sultan Rukn ad-Din of Rum heard of this he assembled many of his troops, designated chiefs for them, and sent them to the aforementioned keep of Mundas to besiege it. From this fortress a certain [man] departed and came to King Het'um.

111. He told him about the large concentration of Christians gathered in that keep and about the sultan's coming against them. The king ordered his forces to assemble. Taking them at once he reached the borders of the fortress. Accompanying the king was the blessed, life-giving, holy icon called Ko'sitar', which manifested great wonders. For as they were going secretly in the night it was visible to all, since it went alight before the king. [Furthermore] although it was the month of July, as they approached the fortress, they were going over snow. The *aspasalar* Lewon, surnamed Aplhasan, traveled foremost and en route came upon infidel troops who were designated to guard their forces. They attacked each other and] [the Armenians] defeated the infidels, putting them to flight, as far as Ar'akli.

Իբրեւ լուաւ բանակ անաւրինացն զաղաղակ հաւատացելոցն՝ զինեցան եւ ելին ընդ առաջ եւ պատերազմէին ճակատ առ ճակատ, եւ սկսան հարստահարել զքրիստոնեայսն, եւ զանուանի զաւրականն զՎահրամ Համուսցին ի մէջ առեալ եւ նիզակ եդեալ ի չորեցունց կողմանց յիրեարս մղէին մղէին եւ ոչ կարէին ընկենուլ զնա. եւ զայն տեսեալ արիազոյն զինուորն, սպարապետն Հայոց Սմբատ, հարազատն արքային, եւ առեալ նիզակ գնայր ի վերայ եւ դիթաւալ ի նոցանէ յերկիր ընկենոյր, եւ ազատէր ի նոցանէ զփեսայն իւր Վահրամ եւ քաջապէս մղէր զնոսա յիջեվանս իւրեանց: Եւ յայնժամ եհաս զաւրութիւն սրբոյ նշանին եւ ամենեքեան քաջապէս ջանային ի մարտն, եւ ի փախուստ դարձուցեալ զնոսա՝ զբազումս կոտորեցին յանաւրինացն, եւ մնացեալքն փախստեայ գնացին յԻկոնիոն, առ սուլտանն իւրեանց, լի ամաւթով: Իսկ թագաւորն բազում աւարաւ եւ կարասեաւ նոցա դարձաւ խաղաղութեամբ ի Կիլիկիա. եւ զայնքան բազմութիւն հաւաքելոցն ի նոյն դըղեկէն հանեալ եբեր յաշխարհն իւր:

Ի թուին ՉԹ խանն Հուլայուն բազմութեամբ զաւրաւք իւրովք իբրեւ զուխտս գարնայնոյ դիմեալ գնայր, եւ ընդ որ անցանէր՝ զամրոցս անաւրինացն ընդ ձեռամբ ածէր, զորս սիրով եւ զորս պատերազմաւ: Եւ եկեալ եհաս ի վերայ Հալպայ, եւ պատեաց զնա շուրջանակի, յղեաց եւ առ թագաւորն Հեթում գնալ առ ինքն, եւ նա վաղվաղակի եհաս առ խանն զաւրաւք իւրովք, եւ խանն ուրախութեամբ ընկալաւ զնա: Եւ յաղթող խանն այն բազում մեքենայիւք նեղէր զՀալպ, եւ զայնքան լայնութիւն պարսպին եւ խորութիւն խանդկին յաւուրս է դիւրագնաց արար արշաւողացն ի նմա:

As soon as the infidels heard the clamor of the believers, they armed and went to battle, front against front. They began to crush the Christians and got that renowned warrior, Vahram of Hamus, trapped in their midst, surrounded on four sides by their spears, but they were unable to throw him. When this was observed by the most valiant warrior, Smbat, the Constable of the Armenians, the king's true brother, he took a spear and went upon them and covered the ground with their corpses, freeing from their clutches his son-in-law, Vahram, and bravely pressing them to their camps. At that point the power of the holy cross came upon them and everyone bravely applied himself to the battle. They put them to flight, killed many of the infidels, while the survivors went to their sultan in Iconium, full of shame. Meanwhile the king, taking great booty and property from them peacefully returned to Cilicia. He removed that great multitude which had gathered in the keep and brought them to his land.

In the year 709 A.E. [1260] Hulegu-Khan took his troops, whose multitude was like a spring torrent, and he subjugated the fortresses of the infidels along the way, some by friendship and some by battle. He came against Aleppo and surrounded it. He sent to King Het'um for him to come to him. When the latter quickly arrived at the khan['s camp] with his troops, the khan joyfully received him. And that victorious khan harassed Aleppo with numerous [war] machines. Despite the breadth of its walls and the depth of its moat, in seven days the attackers had breached [Aleppo's defenses].

Եւ առ հասարակ ճիչ բարձեալ, որ եւ ի ձայնէ նոցա շարժէր եւ դողայր երկիր, եւ դիմեալ մտին ի բերդն, եւ սուր ի վերայ եդեալ կոտորէին յանխնայ զազգն Իսմայելացւոց: Իսկ հաւատացելոցն ոչ մեղանչէին սպանմամբ, բայց միայն զինչս նոցա կողոպտէին: Եւ ոչ ոք կարէ պատմել գրով զհամար կոտորածին. եւ զամենայն առ եւ զաւար եւ զգերի առեալ գնացին ի Դամասկոս. եւ զամենայն քաղաքս եւ զգեաւղս եւ զամրոցս մինչեւ յԵրուսաղէմ ընդ իշխանութեամբ տէրութեան իւրոյ արար, եւ յամենայն տեղիս եդ նոցա գլխաւորս, եւ բիւրապետս կարգեաց զոմն անուն Քիթպուղա, եւ քաջազաւր խանն առեալ զզաւրս իւր հանդերձ որդւովն Ապաղայիւ, գնաց յարեւելս ի տեղի իւր: Իսկ բիւրապետն Քիթպուղա ոչ եկաց ի պատուէր խանին ուր եդ զնա կեալ ի տեղի իւր.

112. Այլ ժողովեաց զաւրս, եւ յերկրէն կիլիկեցւոց արս ԵՃ յղեալ էառ ի թագաւորէն, եւ դէմ եդեալ գնայր մըտանել յԵգիպտոս: Իբրեւ տեսին Եգիպտացւոց լրտեսքն եւ ծանուցին նոցա վաղվաղակի, զինեցան պատրաստեցան եւ եկին չորեքաւրեայ ճանապարհ ընդդէմ նոցա ի տեղին որ կոչի Պոռ, եւ էին յիրերաց հեռի կիսաւրեայ ճանապարհաւ եւ բանակեցան:

Then, when they had raised a [battle] cry one and all, they began to move and the ground trembled [from their multitude]. They went into the fortress and, putting swords to work, mercilessly destroyed the Ismaelites. But they did not condemn the believers to death, merely looting their belongings. No one can put into writing the extent of the destruction. Then, taking all their spoil and captives, they went to Damascus. They put under their domination all the cities, villages, and fortresses as far as Jerusalem. Everywhere they installed their chiefs, and they designated as myriarch a certain man named Ket-Buqa. And then the victorious khan took his troops together with his son, Abagha, and went to his place in the East. However, the myriarch Ket-Buqa did not remain faithful to the khan's order—which was to remain in his designated place.

112. Rather, he assembled troops including 500 men from the land of Cilicia which he had sent for from the king, and then went and entered Egypt. Egyptian spies reported this as soon as they observed it and [the Mamluks] immediately armed and prepared. They went four days' travel to intercept them, at a place called Pr'r'. They encamped a half-day's distance from [the Mongols].

Իսկ ի ծագել արեգականն ճակատ առ ճակատ պատերազմէին սաստկապէս, եւ ապա ի տապոյ տաւթոյն եւ ի տկարութենէ երիվարացն պարտեցան ազգն նետողաց եւ ի փախուստ դարձան, եւ նոքա զկնի, եւ սակաւք զերծան ի նոցանէ. եւ զզաւրագլուխն իւրեանց Քիթպուղայն սպանին ի պատերազմին, եւ զկինն նորա եւ զորդիսն գերի վարեցին յԵգիպտոս: Իսկ մնացեալքն ի նոցանէ գնացին առ Հուլայուն խանն եւ պատմեցին նմա զեղեալ իրսն. իսկ նա մռմռեալ իբրեւ զառեւծ եւ խոստանայր գալ եւ առնուլ զվրէժ արեան զաւրաց իւրոց: Ի սոյն ամի արքայն Հայոց Հեթում ժողովեաց զաւրս եւ գնացեալ որպէս թէ արշաւմամբ էանց ընդ մէջ Գամրաց եւ յԻկոնիոյ, եւ երթայր առ ազգն նետողաց, յերկիրն Գաղատիոյ, ի Գանգր, սահմանակից Զմիւռնիոյ եւ Լաոքարէ, զի յառաջագոյն յղեալ էին առ թագաւորն գնալ առ նոսա. իսկ յորժամ պատրաստեցաւ թագաւորնառ ի գնալ՝ նոքա անցեալ էին յայնկոյս, եւ թագաւորն յահէ նոցա ոչ խափանեաց զճանապարհն, այլ զմահ յանձն էառ եւ սակաւ արամբք որպէս աստացաք, գնաց ժամանեաց նոցա եւ ոչ ինչ աւգտեցան. զի առ որս գնացին նոքա՝ յառաջագոյն լուեալ էին վասն գնալոյ նոցա անդ եւ ամրացեալ էին յայրս եւ ի ծերպս վիմաց, եւ դարձեալ ունայն եկին իւրաքանչիւր ոք ի տեղի իւր: Իսկ ոմն իշխան, ազգաւ Յոյն ի զաւրաց արքային Հեթմոյ, Վասիլ անուն Կեռաւնենց, ճանապարհին վախճանեցաւ, եւ բարձեալ բերին զնա յաշխարհն Կիլիկեցւոց եւ անդ թաղեցին մերձ առ շիրիմս նախնեաց իւրոց:

At sunrise they massed front against front and battled ferociously. From the extreme heat and the weakness of their horses, the Nation of Archers was defeated and turned to flight. [The Mamluks] pursued them and only a few escaped. [The Mongol] chief Ket-Buqa was slain in battle, while his wife and children were taken captive to Egypt. Meanwhile the survivors went to Hulegu-Khan and related to him what had happened. [Hulegu] roared like a lion and vowed to come and take vengeance for the blood of his troops. In the same year Het'um, king of the Armenians, assembled troops and went as though on a campaign through Cappadocia and Iconia to the Nation of Archers in the country of Galatia, to Gangra, which bordered Smyrna and [the holdings of] Lascaris. For earlier [the Mongols] had sent to the king [telling him] to go to them. When the king had prepared to go, [the Mongols already] had crossed over [that territory] and the king, out of fear of them, did not dare to delay his journey. Rather, putting his life at risk, he took a few men as we said, and went to meet them. But it was of no use. For wherever they went, [the people] had previously heard news about [their arrival] and had secured themselves in caves and crevices. So, they all returned empty-handed to their own places. Now it happened that a certain prince of Byzantine nationality among the troops of King Het'um, who was named Vasil Ker'o'nents', died during the journey. They brought his body to the land of Cilicia and buried it, near the graves of his ancestors.

Ի թուին ՉԺ թագաւորն Հայոց Հեթում փեսայացոյց զորդի տեառն քարին Սարվանդաւի զԿոստանդին ի դուստր իւր Ռիթա ի մայրաքաղաքն Սիս: Ի սոյն ամի սիր Ճաւֆրի տէր Սարվանդի քարին, քաջամարտիկ զինաւորն, բարիոք խոստովանութեամբ փոխեցաւ առ Քրիստոս, յամսեանն դեկտեմբերի, թողլով երիս ուստերս, Կոստանդին, Սմբատ եւ Աւշին:

113. Ի թուին ՉԺԲ սուգ անբերելի ժամանեաց աշխարհին Կիլիկոյ, զի ամենայն ոք մարգարէական հոգւով խաւսէր թէ շինութիւն այսմ աշխարհի ի կենդանութեան արքայահաւրն Կոստանդեայ է, որ եւ ի սոյն ամի յամսեանն փետրուարի ԺԴ, յաւուր կիւրակէի թագաւորահայրն Կոստանդին փոխեցաւ ի կենցաղոյս բարիոք խոստովանութեամբ առ Քրիստոս: Եւ էր նա իբրեւ զնահապետ երկրին Կիլիկոյ եւ նորին խրատով անդրդուելի մնային եւ հաստատուն, զոր եւ տեսին ամենեքեան յետ փոքր մի ամաց մահուան նորա՝ թէ որպէս գերի վարեցան հաւատացեալքն յԵգիպտոս, եւ տունք Աստուծոյ հրկէզ եղեն յԻսմայելացոցն ազգաց, այլ եւ գեաւղք եւ ագարակք առ հասարակ: Իսկ յառաջ քան զմահն Կոստանդեայ թագաւորահաւրն՝ յարեաւ ոմն ի խորանաբնակ Իսմայելացոցն ցեղէն, Խարաման անուն, եւ եկեալ յարեցան ի նա ի նոյն ցեղէն բազումք, որ եւ ետ կոչել նոցա զինքն սուլտան, եւ այնչափ զաւրացաւ նա՝ մինչեւ սուլտանն Հոռոմց Ռուգնատինն յահի եղեալ ի նմանէ ոչ իշխէր ընդդիմախաւսել նմա, եւ բազում տեղիս հանդերձ ամրոցաւք ընդ ձեռամբ իւրով բռնակալեաց, եւ բազում նեղութիւն էած կողմանն Սաւրիոյ եւ Սելեւկիոյ գերելով զնոսա, եւ երկիցս անգամ կոտորեաց ի զաւրաց արքային Հեթմոյ, զոր կացուցեալ էր անդ կողմնապահս, որ եւ անդ սպանաւ ամենագովելին Հալկամ, որ էր Յոյն ազգաւ, զոր յառաջ յիշեցաք զնա:

In the year 710 A.E. [1261], Het'um, king of the Armenians, became the father-in-law of Kostandin, son of the lord of Sarvandik'ar, marrying his daughter Rita to him in the capital city of Sis. In December of the same year Sir Geoffrey, lord of Sarvandik'ar and a valiant warrior, passed to Christ with a goodly confession, leaving three sons: Kostandin, Smbat, and O'shin.

113. In the year 712 A.E. [1263] unbearable mourning descended on the land of Cilicia [because of the death of the king's father, Kostandin]. Everyone said, with prophetic spirit, that the prosperity of this land coincided with the life of the king's father, Kostandin, who passed from this life on Sunday, Februry 24th of this year. [Kostandin] passed from this life to Christ with a goodly confession. He had been, as it were, the patriarch of the country of Cilicia, and by his counsel they had remained undisturbed and stable, as everyone was to see [by contrast] a few years after his death just how many believers had been taken captive to Egypt and how the houses of God were burned down by the nation of the Ishmaelites, as well as villages and farms in general. Now prior to the death of the king's father, Kostandin, a certain [individual] named Qaraman arose from the tribe of tent-dwelling Ishmaelites and came [on an expedition], and as he was traveling many others from the same tribe joined with him. He had them call him sultan and [Qaraman] had grown so strong that the sultan of Rum, Rukn ad-Din, out of fear of him, did not dare to reproach him. And so, many areas with their fortresses were forcibly taken by him. He also caused great harassment in the area of Isauria and Selewkia, enslaving them. Twice he had destroyed troops of King Het'um, [including] the praiseworthy Halkam who had been designated as governor [of that area] who was slain there. As we mentioned earlier [Halkam] was of Byzantine nationality.

Եւ սկսաւ Խարաման այն եղջիւր ածել թագաւորաեղբայրն Սմբատայ, զի յայնմ գաւառին յորում Խարամանն բնակէր՝ բազում աշխատութեամբ եւ առատաձիր պարգեւաւք դղեակ մի յանաւրինացն թափեաց Մանիաւն անուն, որ յառաջագոյն քրիստոնէից էր եղեալ. եւ թագաւորաեղբայրն եւ սպարապետն Հայոց Սմբատ Գ ամ կալաւ զնա ի մէջ այնքան բազմութեան անաւրինացն: Եւ գոռոզն Խարաման նեղէր զնա սաստկապէս եւ ամենայնի վտանգ հասուցանէր Սմբատայ, որ եւ բազում ոսկիս եւ արծաթս անդ վատնեաց ի պէտս զինուորաց եւ դղեկին այն կարեաց: Եւ եկեալ Խարամանն ի վերայ նոյն բերդին եւ պատեաց զնա շուրջանակի զամիսս Թ եւ նեղէր սաստկապէս. եւ սկսաւ անտի խաւսիւք ամբարտաւանել եւ պատուիրել առ արքայն Հայոց Հեթում, ասելով, թէ կամիս առ իս գալ՝ յիմս ոտն մի՛ գայցես, այլ համբերեա փոքր մի մինչեւ աշնանային հողմն սրբեսցէ զդառնութիւն երկրիդ քո, զի մի՛ յորժամ գայցեմ՝ տկարանայցեմ եւ ոչ կարիցեմ գործել ինչ: Իբրեւ լուաւ զայս արքայն Հեթում յարեաւ եկն առ հայր իւր Կոստանդին եւ պատմեաց նմա. իբրեւ լուաւ զայս նոր նահապետն Կոստանդին, ասէ ցարքայն. յարուցեալ գնասցես վաղվաղակի ի վերայ այդր պատուիրանաց, զի յառաջ լուայ զհամբաւ վերանալոյ նորա, եւ երկրորդ զզաւրացն քոց կոտորումն որ ի Սաւրիա, եւ երկնչէի թէ գուցէ երկրորդ Սալահատին յայտնեցաւ, բայց երբ զայդ պատուէր լուայ զոր յղեաց առ քեզ՝ զնա համարձակ, զի Աստուած տալոց է զնա ի ձեռս քո:

Then Qaraman became hostile toward the king's brother, Smbat, because in the district Qaraman was inhabiting was a keep called Manio'n which had been wrested from the infidels through much labor and numerous gifts. Previously it had belonged to the Christians. Smbat, the king's brother and sparapet of the Armenians, held [Manio'n] for three years in the midst of such a multitude of infidels. The boastful Qaraman harassed him fiercely and subjected Smbat to all kinds of dangers, causing him to spend a great deal of gold and silver for the needs of his soldiers and for the fortress. Qaraman came against this fortress and surrounded it for nine months, severely harassing it. Then he began to speak insultingly and to give orders to the Armenian king, Het'um, saying: "If you want to come to me, you need not come to my feet, rather wait a bit until the autumn wind cleanses the bitterness from your country. That way, when I come, I will not be weakened and unable to accomplish anything." As soon as he heard this, King Het'um arose and went to his father, Kostandin, and informed him. When the new patriarch, Kostandin, heard the news, he said to the king: "Arise and go immediately in response to those orders, for I have already heard news of his departure; furthermore I have heard about the defeat of your troops in Isauria and was fearful that, perhaps, a second Saladin had arisen. But when I heard that order which he sent to you, [I say] go bravely [against him] because God has given him into your hand."

Եւ յարեաւ արքայն եւ եկն ի Տարսոն, եւ ժողովեաց զզաւրս իւր եւ գնաց ի Սելեւկիա եւ անդ հաւաքեցան հեծեալն եւ հետեւակն, եւ բեռնակիրքն, զի Ռ քոռ ցորենոյ տանէին ի դղեակն ածել. եւ իբրեւ հասին ի սահմանս բերդին զաւրքն քրիստոնէից եւ արքայն, անաւրէնքն որ պաշարեալ էին զբերդն՝ յետս կոյս չոգան ի բերդին, եւ իբրեւ եկն թագաւորն զաւրաւքն ի բերդն, ոչ եգիտ զանաւրէնն Խարամանն անդ, եւ հրամայեաց թագաւորն թափել զցորեանն ի բերդն, եւ եհան զպահապանսն որք պանդխտացեալ էին, եւ նորս կացոյց ի տեղի նոցա: Եւ ապա դարձան եւ ընդ այլ ճանապարհ գային յաշխարհն իւրեանց անհոգութեամբ: Իսկ անաւրէնն այն Խարաման, եկեալ էր ի տեղի ինչ մացառուտ եւ դժնեայ, քարակոյտ եւ անձուկ որպէս խողովակ եւ անդ դարանամուտ եղեալ. եւ յորժամ եկին ի տեղին յայն զաւրքն քրիստոնէից, անաւրինացն ճիչ բարձեալ եւ նետաձգութեամբ խոցոտէին զհաւատացեալսն.

Եւ եհաս աղաղակն առ արքայն եւ արիագոյնքն թողեալ զգունդս իւրեանց հասին ի տեղի պատերազմին, եւ հարեալ զանաւրէնսն ի փախուստ դարձուցին, որ եւ խոցոտեցին նիզակաւ եւ նետիւ զԽարամանն, եւ դարձաւ ամաւթով, եւ յետ սակաւ աւուրց սատակեցաւ ի խոցուածէն անաւրէնն այն: Եւ ի տեղի մարտին սպանաւ եղբայր անաւրինին որ կոչէր Պաւնուզ, եւ փեսայ նորին <...> եւ ի զաւրացն արքային սպանաւ պայլն Կոստանդին Սոմայցին, եւ զիշխանն Գրիգոր որ էր տէր Մազոտ Խաչին, զաջոյ ձեռինն նորա զբոյթն սրով հարեալ ի բաց ընկեցին, եւ սակաւք կորեան ի քրիստոնէիցն յայնմ աւուր:

So the king arose and went to Tarsus, assembled his troops and went to Selewkia. There were gathered cavalry, infantry and bearers, since they were going to take 1000 *k'or* of grain to the [beseiged] fortress. When the Christian troops and the king reached the borders of the fortress, the infidels who were besieging the fortress fled from its rear. When the king arrived at the fortress with his troops, they did not find the impious Qaraman there. The king ordered that the grain be unloaded at the fortress and they removed guards who had gone into exile and designated new ones in their place. Then they took to the road and returned to their land without a care. Now that impious Qaraman came to a swampy and harsh place, with a mound of stones and a tight pass like a tunnel, and there he waited in ambush. When the Christian forces reached that place, the infidels raised a shriek and struck the believers with arrows.

The clamor reached the king and the bravest left their brigades and coursed on to the place of battle. Striking the infidels, they turned them to flight and pierced Qaraman with spears and arrows. [Qaraman] retreated in shame and this impious man died several days later of his wounds. And the impious man's brother, named Bunsuz, died in the place of battle, as well as his son-in-law [...][30] and those slain from the king's troops included Kostandin of Soma, and prince Grigor who was the lord of Mazot Xach', whose right hand was cut off by the point of a sword and fell, and few were those lost by the Christians on that day.

30 There is a lacuna in the text here.

Իսկ եղբայրն Բակուրնայ եւ Կոստանդեայ Սմբատն, որ էր ազգաւ Յոյն, տղայ գոլով հասակաւ, ի զարմէ հաւրն արքային Հեթմոյ, յարձակեցաւ ընդ այլ քաջամարտիկսն եւ յանաւրինացն դիթաւալ յերկիր ընկեննոյր. զոր տեսեալ արքային եւ այլոց բազմաց՝ գովեցին զնա, եւ առաքեցին աւետաբերս առ Կոստանդին հայրն արքային, զոր իբրեւ լուաւ՝ ի մեծի ուրախութեան եղեալ եւ առատաձիր պարգեւաւք եւ ընծայիւք դարձոյց զնա ի տուն իւր, առ եղբարսն եւ առ մայրն իւր տիկին Շահանդուխտ: Եւ արքայն եկն ուրախութեամբ յաշխարհ իւր եւ ցնծութեամբ, զի զայնպիսի գոռոզն սակաւ աշխատութեամբ յամաւթ արար:

114. Ի թուին ՉԺԲ թագաւորն Հայոց Հեթում գնաց յԱնտիոք սիրոյ աղագաւ առ ի տես քաղաքին, եւ տարաւ ընդ իւր զգովելի րաբունն եւ զարքեպիսկոպոսն Անարզաբու զտէր Յակոբ, հանդերձ քահանայիւք եւ սարկաւագաւք, եւ բազում գանձս ոսկւոյ եւ արծաթոյ ի սեննեկի հաւր իւրոյ Կոստանդեայ, զի բաշխեսցէ աղքատաց եւ տացէ յուխտեալ տեղիսն առ ի յիշատակ հոգւոյ նորա. եւ յորժամ եմուտ ի քաղաքն թագաւորն, ուրախութեամբ ելին ընդ առաջ նորա, եւ շուրջ պատեալ զքաղաքան ի սուրբն Պաւղոս եւ Պետրոս եւ յայլ ուխտսն, եւ տայր պարգեւս նոցա, նաեւ ի սուրբ ուխտն որ կոչի Ճրպիք. գնաց եւ եղբայրացոյց նոցա զհայրն իւր Կոստանդին, եւ եղեւ եւ ինքն թագաւորն եղբայր նոցա, եւ բազում պարգեւս ետ նոցա կտակաւ զի յամենայն ամի գայցեն յաշխարհին իւր եւ առցեն: Եւ եկաց յԱնտիոք ոչ սակաւ աւուրս եւ դարձաւ յաշխարհին իւր Կիլիկիա:

Now Smbat, Bakuran's and Kostandin's brother, who was of Byzantine nationality and still a boy, and who was related to King Het'um on his father's side, attacked along with the other braves and covered the ground with the infidels' corpses. When the king and many others saw this, they praised him and sent the glad tidings to Kostandin, the king's father. And when he heard it, he was overjoyed and sent [the lad] back home to his brothers and to his mother, lady Shahanduxt, with generous awards and gifts. Then the king came joyfully to his own land, in great delight that he had put to shame such an irritant with so little labor.

114. In the year 712 A.E. [1263] the Armenian king, Het'um, went to Antioch for pleasure, to see the city. He took along the praiseworthy doctor and archbishop of Anazarbus, lord Yakob, together with priests and deacons and many treasures of gold and silver from the chamber of his father, Kostandin, to distribute to the poor and to give to the places of pilgrimage in memory of his soul. When the king entered the city, [the residents] gladly came before him and went around the city with him to [the churches of] Saints Paul and Peter and other places of pilgrimage. He gave gifts to them and also to the blessed monastery called Che"pik'. He also went to the monastery which had received his father, Kostandin, as a brother and he himself, the king, became a brother to them, giving them many gifts by deed so that every year they come to his land and receive them. He stayed in Antioch not a few days and then returned to his own land of Cilicia.

Ի սոյն ամի յամսեանն յունիսի, ճանապարհ արարեալ թագաւորն Հեթում գնաց յարեւելս առ Հուլայուն խանն, վասն պատճառի ինչ զոր հաստուցանէր տունն Գամրաց յամենայն ամի նեղութիւն առ ստորոտով լերանց բընակչաց աշխարհին Կիլիկիոյ: Եւ խանն Հուլայուն վասն զի յոյժ սիրէր զթագաւորն, առաքեաց զկնի իւր իրաւադատ Մուղալք Արղուչիք, որք եկեալք զկնի թագաւորին մինչեւ յԱռակլի, եւ եկն անդ սուլտանն Հոռոմց Ըռուգնատինն, եւ եղեն անդ աւուրս ինչ եւ եդին դաշինս սիրոյ երդմամբ, եւ արարին խաղաղութիւն, եւ եղեն հայր եւ որդի՝ թագաւորն եւ սուլտանն, եւ դարձան իւրաքանչիւր ի տեղի իւր: Յայսմ ամի գունդէսն Ճաֆուն Կեռամառի, քոյր արքային Հեթմոյ տրտմութեան աղագաւ եկեալ էր առ հայրն իւր Կոստանդին, եւ հասեալ նմա աւր մահուն՝ վախճանեցաւ ի բերդն Լամբրուն, եւ թաղեցաւ ի սուրբ ուխտն Սկեւռայն, թողլով Բ ուստերս եւ Գ դստերս:

115. Ի թուին ՉԺԳ Հեթում թագաւորն զաւրաժողով արար զզաւրս իւր, եւ բազում ռամիկ հետեւակաւք արշաւեաց ի գաւառն Հալպայ ի գեղաքաղաքսն Մարդմսրին եւ Սրմին, նա եւ ի Ֆուղա, եւ շահեցան անդ ինչս եւ ծառայս սակաւս, որ եւ անդ մազապուրծ եղեալ արքայն Հեթում, զի առեալ ի սպասաւորաց իւրոց Բ ներքինիս, եւ յիշխանաց իւրոց զԿոստանդին Ապլհասանանց եւ բաժանեալ ի զաւրացն եմուտ ի քաղաքն յայն եւ գնայր անհոգութեամբ, առանց զրահի եւ սաղաւարտի:

In June of the same year King Het'um traveled East to Hulegu-Khan, because of the yearly harassment occasioned by the House of Cappadocia against residents at the foot of the mountain in the land of Cilicia. Hulegu-Khan, because of his extreme affection for the king, sent after him Mongol jurists, Arghuch'ik', who accompanied the king as far as Ar'akli. Rukn ad-Din, the sultan of Rum, had also come and they remained there for some days. They swore a treaty of friendship and made peace. And the king and the sultan were like father and son. And then they returned to their own places. In this year, the countess of Jaffa, Kyra Maria, sister of King Het'um, who had come [to Lambron] out of sadness for her father, Kostandin, also died. She died in the fortress of Lambron and was buried in the blessed congregation of Skewr'a, leaving two sons and three daughters.

115. In the year 713 A.E. [1264] King Het'um assembled his troops [including] many common infantrymen, and made an expedition to the district of Aleppo, to the towns of Ma'arrat Masrin, Sarmin, and Fu'a. There he acquired a small amount of goods and servants. And it was there that King Het'um had a very narrow escape. For [the king] had taken [only] two eunuchs from his servants, and [only] Kostandin Aplhasanants' from his princes [and with these] he had separated from his troops and entered the city. Furthermore, he did so carelessly, wearing neither armor nor helmet.

Եւ յանկարծաւրէն պատահեցին նոցա յանաւրինացն արս ի զգեցեալք զրահս եւ գնային մտանել ի պուրճն՝ որ էր ի մէջ քաղաքին առ ի պահպանութիւն նոցա որք փախստեայ անդ հաւաքեալ էին, եւ արքայն դէպ եղեալ նոցա ոչ գիտէր զինչ արասցէ, եւ անաւրէնքն ոչ ծանեան թէ ով ոք է, եւ յարձակեցաւ մի ոմն ի նոցանէ եւ ածեալ զսուրն արքային, եւ ներքինին Ճաւլին յինքն էառ զզարկուածսն: Եւ դարձեալ կրկնեաց զսուրն առ ի հարկանել զարքայ, եւ իշխանն Կոստանդին յինքն եբարձ զքերուած սրոյն, եւ հանեալ զարքայն մեկուսի՝ ինքն եկաց ընդդէմ, եւ անաւրէնքն գնացեալ մտին ի պուրճն յայն, եւ այնպէս զերծեալ արքայն ամբողջ ի նոցանէ, եւ եկն յաշխարհն իւր բազում աւարաւ, եւ եղեւ ուրախութիւն ամենեցուն: Ի սոյն ամի դարձեալ ժողովք արար Հեթում եւ գնաց ի վերայ բերդին Անթփայ, եւ ոչինչ կարաց առնել նոցա, եւ դարձեալ եկն յաշխարհ իւր: Եւ յետ սակաւ աւուրց, ի ժամանակս ձմեռային, խորհեցաւ արքայն Հեթում գնալ ի նոյն բերդն Անթափ, եւ գնացեալ մինչեւ ի գեղաքաղաքն պուրճ Ըռասաս եւ անդ զտեղի կալաւ, զի արեգակն մթացեալ յամբոյ եւ ոչ երեւեցաւ զաւուրս Ե, եւ ի սաստկութենէ հողմոյն եւ անձրեւացն ոչ կարէին ելանել ի խորանացն, եւ տառապէին սպասաւորքն եւ ռամիկ հետեւակքն. եւ ապա խորհեցան յետս դառնալ, ասելով թէ Աստուած ոչ կամի զգնալն մեր անդ:

Suddenly he encountered infidels dressed in armor, who came and entered the prominence in the center of the city, where those fleeing had gathered, in order to protect them. Face to face with them, the king did not know what was happening, and the infidels did not recognize who that person [they had encountered] was. One of them attacked and thrust his sword at the king, and the eunuch Joscelin took the blows. Then again [the infidel] went to strike the king with his sword. [This time] Prince Kostandin raised the sword he had brought along, and was able to separate the king [from the attackers]. He then turned against them and the infidels went and entered that prominence. Thus, was the king saved from all of them. He returned to his land with a great deal of spoil, and everyone was happy. In the same year King Het'um again held a levee and went against the fortress of Aintab, but was unable to do anything to them and so returned to his own land. After some days, in wintertime, King Het'um thought to go again to the fortress of Aintab. He went as far as the town of Burdj al-Rasas and halted there. For the sun had been dimmed by the clouds and did not appear for five days; and because of the severity of the wind and rains they were not able to come out of their tents, and the attendants and common infantrymen were suffering because of this. So they resolved to turn back, saying that God did not want our journey here.

Որ եւ անդ ոմն Ֆռանկ Մարդին անուն, բժիշկ վիրաց, որ էր պատուած ի թագաւորէն, խաւսեցաւ առ արքայն եւ առ մեծամեծսն որք ժողովեալ էին եւ խորհէին, ոմն ասէր դառնալ եւ ոմն ոչ դառնալ. ով արքայ եւ իշխանք, յայսմ գիշերի արտաքոյ աւթեցարուք ի խորանացդ եւ ապա խորհեցարուք զդառնալն յետս եւ զկալն: Եւ բան նորա որ խաւսեցաւ եղեւ պատճառ եւ բազումք գովեցին զնա, եւ դարձան խաղաղութեամբ: Ի սոյն ամի դարձեալ ժողով արար թագաւորն Հեթում, գնալ յերկիրն Հալպայ գերել եւ աւերել, եւ ոչ կարաց յանկ ելանել խորհուրդն, զի ժամանակն ձմեռնային էր:

116. Ի թուին ՉԺԳ Հուլայուն խանն առաքեաց ի բիւրապետաց իւրոց եւ բազում զաւրս ընդ նմա, որք եկեալ հասին յանառիկ բերդն Պիր, որ էր ընդ ձեռամբ անաւրհնացն, եւ բիւրապետն այն, որ կոչէր Տուրպա, եդեալ պատնէշս եւ բազում նեղութիւն էած բերդին, եւ փլոյց զպատանս պարսպին հանդերձ պրճաւքն, եւ առաքեալ բիւրապետն այն Տուրպա եւ կոչեաց զթագաւորն Հեթում գալ առ նմա.

A certain Frank physician named Martin, who was present there and was respected by the king, spoke to the king and to the grandees who had assembled and were debating, some advocating turning back and others not. He said: "Oh king and princes, tonight sleep outdoors, out of the tents and then consider whether to go or to stay." And what he had suggested was praised by many of them, and they turned back in peace. In the same year King Het'um again mustered troops to go to the Aleppo country to enslave and lay waste, but he was unable to realize his plan because it was winter.

116. In the year 713 A.E. [1264] Hulegu-Khan sent one of his myriarchs and many troops with him to the impregnable fortress of Pir, which was under infidel control. The myriarch, whose name was Turpa, put up barricades and inflicted considerable tribulation on the fortress. He demolished the struts of the wall together with its citadel. Turpa the myriarch summoned King Het'um to come to him. The king assembled his forces and relations in the fortresses called T'il Hamdun, and there he celebrated the feast of the Epiphany.

Եւ թագաւորն ժողովեաց զզաւրս իւր եւ զազգայինսն ի բերդն որ կոչի Թիլ Համտնոյ, եւ անդ արարեալ զտաւն Յայտնութեան Տեառն, եւ զկնի աւուրց ինչ թագաւորն Հեթում առեալ զզաւրս իւր գնայր առ Տուրպայն, եւ հասեալ մինչ ի տեղին որ կոչի Բամբկձոր եւ առաքեաց ի զաւրաց իւրոց հեծեալս ԲՃ գնալ յառաջագոյն առ Տուրպայն, եւ ապա զկնի նոցա ինքն գնացէ: Եւ նոյն ժամայն եհաս առ թագաւորն եւ առ անդրանիկ որդին իւր Լեւոն աւետաբերս՝ եթէ եղեւ որդի պարոնին Հայոց Լեւոնի, ի քաղաքն Միս, եւ էր յունուար ամսոյ [...] եւ ո՛ կարասցէ պատմել զուրախութիւն թագաւորին եւ մեծամեծացն եւ փոքունց, ընդ նոյն աւետիսն: Որ եւ բազումք ի վատթարագունից եւ յանգերագոյն ազգաց նաեւ ի ներքինեաց եւս փառաց եւ պատուոյ ձիաւորութեան արժանացան: Եւ յայնժամ եհաս առ թագաւորն համբաւ դառնալոյն Տուրպային ի Պրէն, վասն պատճառի գալստեան սուլտանին Եգիպտոսի ի վերայ նորա, եւ թագաւորն լուեալ զայս դարձաւ ի տուն իւր: Ի սոյն ամի յաւուր Յարութեան Տեառն մերոյ Յիսուսի Քրիստոսի, ի միաշաբաթի Զատկին, զորդի պարոնին Հայոց Լեւոնի մկրտեցին ի մայրաքաղաքն Սիս, ի մեծ եկեղեցին սուրբ Սոփի, ձեռամբ ս. հայրապետին Կոստանդեայ, եւ անուանեցաւ Կոստանդին. եւ յաղագս այսմ ուրախութեան պատճառի զերկուս որդիսն սպարապետին Հայոց Սմբատայ՝ զՀեթում եւ զՎասիլ, մականուն Թաթար, ձիաւորեցուցին, եւ այլ բազումս ընդ նոսա. եւ բազում ուրախութիւն արարին յայսմ պատճառէ:

After a few days King Het'um took his troops and went to Turpa. He reached a place called Bambkdzor and sent 200 of his cavalry to go in advance to Turpa, after which he himself would follow. At this point, a bearer of glad tidings came to the king and to his eldest son, Lewon, [informing them] that a son had been born to Lewon, baron of the Armenians, in the city of Mamistra, and this was in the month of January [...][31] and who can relate the joy of the king, the grandees, and the common folk at that news? Then [because of the celebration] many of the worst and ignoble clans as well as even the eunuchs merited glories and the honor [of the ceremony] of being seated on horses. News reached the king about the departure of Turpa from Bira, because the sultan of Egypt was coming against him. When the king heard this, he returned to his home. In the same year, on the day of the Resurrection of Our Lord Jesus Christ, on Easter Sunday, the son of Lewon, baron of the Armenians, was baptized in the capital of Sis, in the great church of Saint Sophia by the blessed patriarch Kostandin. [The child] was named Kostandin. On the occasion of such joy, the two sons of Smbat, sparapet of the Armenians, Het'um and Vasil, who was nicknamed T'at'ar, were seated on horses and many others with them. And there was great merry-making as a result.

31 There is a lacuna in the original text here.

Ի սոյն ամի սուլտանն Եգիպտոսի Պեկպարս Պնտուխտարն հանդերձ զաւրավարաւն իւրով Սմլմաւթիւ եւ այլ մեծամեծաւքն արար ժողով զաւրաց իւրոց եւ դէմ եդեալ գայր յերկիրն Կիլիկիոյ գերել եւ աւերել: Իսկ թագաւորն Հայոց Հեթում հանդերձ հարազատաւք իւրովք Սմբատիւ, որ եւ տէր գոլով անմատչելի դղեկին Պապեռաւնին, Սմբատայ կլային, Աստռսոյ, Ֆարխնուցն, Պապատուլին, Սիկոյ, եւ Մուռանդնին, եւ Աւշնիւ՝ որ եւ նա տէր գոլով գերագոյն դղեկին Կուռիկաւսոյ, Միտիզաւնին, Մանիաւնին, Կանչոյն եւ այլ փոքրագոյն ամրոցաց, եւ այլ մեծամեծաւք իւրովք եւ ռամկաւք աշխարհաժողով արարեալ, եւ գնացեալ եհաս մինչեւ ի տեղի ինչ որ կոչի Դուռն Անտիոքայ, եւ անդ զտեղի կալեալ մնայր անաւրինին: Իսկ անաւրէն սուլտանն հանդերձ զաւրաւք իւրովք եկեալ մինչեւ ի սահմանս Անտիոքու, առ եզերբն Սեւ գետոյ, եւ անդ զտեղի կալեալ աւուրս ինչ՝ առաքեաց ի լրտեսաց իւրոց զանխլաբար, եւ նոքա եկեալ տեսին զայնքան բազմութիւն հաւատացելոցն ժողովեալ եւ սպասէին սուլտանին եթէ գայցէ, եւ դարձան լրտեսքն եւ պատմեցին սուլտանին զոր տեսին. եւ սուլտանն երկեաւ մտանել յաշխարհ Կիլիկիոյ, այլ դարձեալ գնաց յԵգիպտոս, եւ թագաւորն ամենայն զաւրքն դարձան ի շէնս եւ յաւանս իւրեանց գոհանալով զՏեառնէ:

In the same year Baybars Bundukdari, sultan of Egypt, together with his general Samm al-Mawt and other grandees, mustered their troops and set out for Cilicia to enslave and destroy. Now the Armenian king, Het'um, held a general levee together with his brothers: Smbat, who was lord of the impregnable fortress of Paper'o'n, Smbataklay, Astar'os, Farxni, Papatul, Sik and Murandin; and O'shin, lord of the lofty stronghold of Kur'iko's, Mitizo'n, Manio'n, Kanch', and other smaller fortresses. [Het'um, with these lords] and his other grandees and commoners, went to the place called the Gate of Antioch and stayed there, awaiting the infidels. Now the impious sultan together with his troops came as far as the borders of Antioch, to the banks of the Sew[32] River, and halted there for a few days. He secretly sent his spies who came and observed such a multitude of believers assembled and waiting to see if the sultan would come. The spies returned and informed the sultan about what they had seen. Thus the sultan was afraid to enter the land of Cilicia. Rather he turned and went to Egypt, while the king and all his troops returned to their villages and towns, thanking the Lord.

32 *Sew:* "Black".

Ի սոյն ամի յամսեանն դեկտեմբերի որ աւր ԻԶ էր եղբայրն արքային Հեթմոյ Աւշին՝ տէրն Կոռիկաւսոյ փոխեցաւ առ Քրիստոս ի մայրաքաղաքն Տարսոն, եւ առեալ տարան զնա ի մայրաքաղաքն Սիս եւ թաղեցին առ պատուանդանի հաւր իւրոյ։

117. Ի թուին ՉԺԵ դարձեալ զաւրաժողով արարեալ սուլտանն Եգիպտոսի, եւ եկեալ մինչեւ ի տեղին ուր էր ամրոցսն Խաչազգեստիցն Ֆրերաց, եւ էառ ի նոցանէ զԱրսուֆ, զՍաֆէթ եւ զայլսն։ Եւ ապա անտի դէմ եդեալ յերկիրն Կիլիկոյ եւ եկեալ մինչեւ ի Դամասկոս, եւ անդ զտեղի կալաւ աւուրս ինչ, եւ առաքեաց դեսպանս զկնի դեսպանացն արքային Հեթմոյ որք եկեալ էին առ նա զի համոզեսցեն եւ արասցեն խաղաղութիւն ի մէջ նոցա։ Եւ սուլտանն կամէր զխաղաղութիւնն, բայց իրս ինչ խնդրէր յարքայէն, ամրոցս եւ այլ տեղիս որ էր սահմանակից աշխարհի իւրոյ։ Եւ թագաւորն ոչ կատարէր զխնդրելին վասն Բ պատճառաց.

Մի՝ վասն երկեղին նետողաց, զի մի՛ ասասցեն թէ ընդ սուլտանին Եգիպտոսի է թագաւորն Հեթում, եւ զմեր ազատեալ տեղիսն եւ ամրոցսն սուլտանին տրիտուր ետ.

In the same year on the 26th day of December, O'shin, brother of King Het'um and lord of Kur'iko's, passed to Christ in the capital Tarsus. They brought him to the capital Sis and buried him near the tomb of his father.

117. In the year 715 A.E. [1266] the sultan of Egypt again mustered his troops and came as far as the place where the Crusading Brothers' fortresses were located. He took from them Arsuf, Safad and other strongholds. Then he headed for the country of Cilicia and came as far as Damascus where he halted for a few days. He sent emissaries after ambassadors to King Het'um who came to him to persuade him that there should be peace between them. The sultan wanted peace, however he demanded from the king [the surrender of] fortresses and other places at the borders of his land. The king did not accept these demands for two reasons:

First, out of fear of the Archers [Mongols], so that they would not say that 'King Het'um is under [the domination of] the sultan of Egypt to whom he has given as a reward places and fortresses which we ourselves freed.'

Եւ միւս այլ պատճառ չտալոյն զխնդրելին, թէպէտ եւ սակաւ էր խնդիրն, որ էր տեղի մի աւերակ որ կոչէր Շեհ, եւ ասէր սուլտանն թէ տուր զտեղին այն զի շինեցից վաճառանոց մեզ եւ ձեզ, եւ թագաւորն ոչ ետ զի մի՛ ընդ իշխանութեամբ նորա մտանիցէ, զի էր բազում ամաց թագաւոր յաղթող եւ անուանի, եւ սուլտանն ծառայ վատթար ծառայի, եւ ապա այնպէս զաւրացաւ՝ մինչ զի երկնչէին ի նմանէ:

Եւ բազում անգամ թագաւորն առաքեաց առ սուլտանն արս պատուաւորս գերագոյն պարգեւաւք զի արասցէ սէր, եւ սուլտանն ոչ առնոյր յանձն, այլ զվերոյ անուանեալ տեղիսն խնդրէր: Եւ ապա առեալ զզաւրս իւր գայր մինչեւ ի Հալպ, եւ եդ զաւրապետ զաւրաց իւրոց ի մեծամեծաց իւրոց զոմն Սմլմաւթ անուն, եւ երկրորդին Ալֆի, եւ զսուլտանն Հալպայ. եւ առաքեաց զնոսա գալ ի վերայ զաւրաց արքային Հեթմոյ, յերկիրն Կիլիկոյ, եւ ինքն անդէն մնաց: Եւ նոքա եկեալ հասին մինչեւ ի տեղին որ կոչէր Նիկոպալիս, առ ստորոտով լերինն որ կոչի Սեաւ, եւ անդ իջեւանս կալան. իսկ զաւրքն թագաւորին Հեթմոյ ընդ երիս բաժանած էր մինն զկնի թագաւորին էին, զի գնացեալ էր ի խնդիր առ ազգն նետողաց՝ գալ յաւգնականութիւն զաւրաց իւրոց, եւ երկրորդ մասն էին ի տեղին յայն որ կոչէր Դուռն, եւ երրորդ մասն գնացին ընդդէմ անաւրինացն ի տեղին որ կոչի Մառի, յամսեանն աւգոստոսի, որ ԻԳ էր ամսոյն յաւուր երկշաբաթի, եւ անդ աւթեվանս կալան:

The other reason for not acceding to the request—though what was requested was a small thing—was the matter of a ruined place called Shih. The sultan had said: "Give that place to me and I will construct a market there for you and me." The king did not give it to him so that he would not fall under his sway.

For many years the king had been victorious and renowned, while the sultan had been the slave of another vile slave who subsequently had become so powerful that [people] feared him. On many occasions the king had sent the most respectworthy men with gifts to the sultan to make peace. But the sultan would not agree, rather he kept demanding the aforementioned places. Then he took his troops and came as far as Aleppo, designating a certain one of his grandees named Samm al-Mawt as military chief, and the sultan of Aleppo, Alfi, as second-in-command. Then he sent them to go against the forces of King Het'um in the country of Cilicia, while he himself remained where he was. They came and reached the place called Nikopo'lis, by the base of Black Mountain, and they encamped there. Now it happened that the troops of King Het'um at that time were divided into three parts: one was with the king who had gone at the request of the Nation of Archers to render military assistance; a second was in the place called Dur'n; and the third had gone against the infidels at the place called Mar'i on August 23rd, a Monday, and encamped there.

Իսկ ի լուսանալ առաւաւտուն յգշաբաթի, եկեալ անաւրինացն հասին մինչ ի տեղին ուր էր բանակ քրիստոնէիցն, եւ փոքր մի կացին ընդդէմ միմեանց, եւ ապա յազդմանէ չարին ի փախուստ դարձան հաւատացելոցն զաւրք առանց մարտի եւ պատերազմի: Եւ որդիք թագաւորին պարոնն Հայոց Լեւոն, եւ եղբայրն իւր Թորոս դարձան ի զաւրաց եւ գնացին ընդդէմ անաւրինացն պատերազմել ընդ նոսա, որ եւ զԹորոս սպանին ի նոյն մարտ պատերազմի, եւ զպարոնն Հայոց զԼեւոն ընդ ձեռամբ ածեալ կալան, եւ զորդի սպարապետին Հայոց Սմբատայ զՎասիլ՝ մականուն Թաթարն, եւ այլս ընդ նոսա, զՃիլարտ ոմն եւ զԱտոմ.

118. Եւ տարեալ զնոսա մինչեւ ի Սիս, եւ անդ եղեալ յարգելանս ի տաճարսն իւր, եւ կացեալ անդ աւուրս ինչ՝ յաւար առին զքաղաքն, եւ ապա հուր եդեալ յամենայն շէնս եւ հրկէզ արարին առ հասարակ, եւ գերելոցն եւ սպանելոցն ոչ գոյր թիւ. եւ պատերազմեալ ի վերայ բերդին եւ նեղէին տալ զբերդն, եւ նոքա ոչ առին յանձն:

At daybreak on Tuesday, the infidels reached the place where the camp of the Christians was located, and halted there for a while with [the two armies] facing each other. Then, prompted by the devil, the forces of the believers took to flight, without a fight or a battle. The sons of Lewon, baron of the Armenians, and his brother, T'oros, turned from the [fleeing] troops and went to fight against the infidels. T'oros was slain in that same battle, and Lewon, baron of the Armenians, was captured, as was the son of the sparapet of the Armenians, Smbat, Vasil, nicknamed T'at'ar, and others with them, [including] a certain Chilart and Atom.

118. They were taken to Sis and were placed in confinement in their temple [mosque] and remained there for some days. [The Muslims] looted the city, then set fire to all the cultivated places, burning everything. There was no counting the number enslaved or killed. Fighting against the citadel, they harassed [the residents] to surrender it, but they refused to do so.

Իբրեւ տեսին անաւրէնքն թէ ոչ կարէին ստնանել բեր-դին, առ հասարակ զլեռնակողմն եւ զդաշտն հրկէզ ա-րարեալ աւերեցին. եւ ի տեղի ինչ քարանձաւք, որ դղեակ էր լեալ ի հնումն, Կեմա անուն եւ միւսոյն Բեկնքար, բա-զումք էին հաւաքեալ կանամբք եւ որդւովք, եւ եկեալ անաւ-րինացն ի վերայ նոցա, եւ նոցա տեսեալ զայնքան բազմու-թիւն անաւրինացն, լքան ձեռք նոցա եւ ոչ կարէին պատե-րազմել. եւ անաւրէնքն սուր ի վերայ եդեալ կոտորեցին զայնքան բազմութիւն, որ եւ ասէին թէ Բ բիւրս սպանաւ անդ յայնմ աւուր: Եւ զմնացեալսն ի սրոյն գերի տարան զկնի իւրեանց եւ ոչ ելին ընդ որ մտին, այլ ընդ դուռն Անտիոքու գնացեալ ելին ամենայն աւարաւն, որ եւ բա-զում ինչս վաճառեցին յԱնտիոք եւ գնացեալ հասին յաշ-խարհն իւրեանց, եւ տարան զպարոնն Լեւոն արմաղանտ սուլտանին: Իսկ սուլտանն յորժամ ետես զպարոնն Հա-յոց Լեւոն եւ զՎասիլն՝ մականուն Թաթար, լաւ համարե-ցաւ զնոսա քան զբիւրս բիւրուց ոսկւոյ եւ արծաթոյ, եւ առեալ զնոսա գնաց յԵգիպտոս, եւ եդ զպարոնն Հայոց Լե-ւոն եւ զՎասիլ, եւ զորս ընդ նոսա՝ յարգելանս ի փոքրա-գոյն յարկ ի քաղաքն Խահիրէ, եւ կացոյց նոցա պահա-պանս եւ սպասաւորս, եւ յարաժամ պատուէր եւ մեծարէր զնոսա:

When the infidels saw that they were unable to take the fortress, they burned and looted the flank of the mountain and the plain. There were [two areas] with caves where a stronghold had stood since ancient times, one called Kema and the other, Beknk'ar. Many had assembled here with their wives and children. When they saw the unbelievable multitude of infidels coming against them, their strength abandoned them and they were unable to fight. Putting swords to work, the infidels killed so many from that multitude that, it is said, 20,000 people were slain on just that one day. Those who were spared the sword were led into slavery. But [the infidels] did not exit by the same route by which they had entered [Cilicia]. Rather, they went with all their spoil via the gate of Antioch where they sold many of their belongings. Then they went to their own land and took the captive baron Lewon to the sultan, as a gift brought from afar. When the sultan saw Lewon, baron of the Armenians, and Vasil, nicknamed T'at'ar, he regarded them as more valuable than myriad upon myriad of gold and silver. He took them to Egypt and placed Lewon, baron of the Armenians, and Vasil and those with them into confinement in a very small building in the city of Cairo. He designated guards and attendants for them and constantly honored and exalted them.

Իսկ թագաւորն Հայոց Հեթում յորժամ ետես զեղ-եալսն՝ ի խոր տրտմութեան մտեալ փղձկէր, եւ ոչ գիտէր զինչ արասցէ. եւ յետ սակաւ աւուրց եդ ի մտի գտանել պատճառ ազատման որդւոյն իւրոյ, եւ առաքեաց ի սպա-սաւորաց իւրոց առ սուլտանն զի ծանիցեն զկամս նորա թէ զո՞յ հնար արձակման պարոնին Հայոց Լեւոնի: Իսկ սուլտանն ոչ կամէր նոյնժամայն յայտնել զելս իրին, զի յամենայն ժամու թագաւորն իրս գերագոյնս առաքէր նմա, եւ ապա յետ բազում անգամ առաքելոյն առ նմա՝ յայտ-նեաց զխորհուրդ սրտին ծածկաբար, որ էր այս ինչ. զի ընկերակից նորա եւ քաջ սիրելին որ էին ընդ իշխանու-թեամբ սուլտանին Հալպայ, յորժամ եկն Հուլայուն խանն եւ աւերեաց զՀալպ եւ զմնացեալսն արար փախստական, եւ յորժամ գնային ի միասին փախստեայ Պեկպարսս այս որ եղեւ սուլտան ընկերակիցն իւր, երիւար նորա դա-դարեալ ոչ գնայր, եւ ընկերակիցն իւր ունելով ձի սրըն-թաց յորմէ իջեալ ինքն եւ զՊեկպարսն հեծուցեալ արձակ-եաց, եւ ինքն անդէն մնացեալ, եւ ըմբռնեալ զնա տարան գերի յարեւելս զաւրքն խանին: Եւ Պեկպարսս այս գնաց-եալ յԵգիպտոս յաջողեցաւ նմա եւ եղեւ սուլտանն Եգիպ-տոսի:

Now when the Armenian king, Het'um, realized what had happened he fell into a deep depression and grieved, and did not know what to do. After a few days he resolved to find some means of freeing his son, and so he sent some of his attendants to the sultan to find out his intentions, that is, if there was some way of releasing Lewon, baron of the Armenians. The sultan did not want to reveal a solution right off, for the king was constantly sending him the finest of gifts. But after [Het'um] had sent to him many times, [the sultan] revealed his secret desire. He had a dear and valiant comrade who had been under the authority of the sultan of Aleppo. Now when Hulegu-Khan had come and ruined Aleppo and the survivors had fled, this Baybars—who would later become sultan—and his friend fled along with them. [Baybars'] horse stopped and would not advance, while his friend had a very fast steed. [The friend] dismounted, mounted Baybars on his own horse and set it on the way. [The friend] remained behind and was seized and taken captive to the East, by the khan's troops. Meanwhile Baybars had continued on to Egypt where he succeeded and became the sultan of Egypt.

Իսկ յորժամ պարոնն Հայոց Լեւոն ընդ ձեռամբ նորա անկեալ եւ թագաւորն Հեթում խորհրդակից եւ սիրելի էր Ապաղայ խանին, եդ ի մտի Պեկպարս սուլտանն զի զքաբերարն իւր խաւշտաշ, խնդրեսցէ թէ կենդանի իցէ, եւ ի յայտ եկեսցէ: Յայնժամ ասէ սուլտանն ընդ եկեալսն առ նա՝ ասացէք ցթագաւորն, ազատեսցես զխաւշտաշն իմ յազգէն նետողաց եւ բերցես առ իս եւ ես ազատեցից զորդին քո զԼեւոն: Իբրեւ լուաւ թագաւորն զբանսն, սկսաւ պատրաստել ընծայս զի առեալ գնասցէ յարեւելս առ ի խնդրել զհրսն յԱպաղա խանէն:

119. Իսկ ի թուին ՉԺՁ գնաց թագաւորն Հեթում յարեւելս առ խանն Ապաղա եւ խնդրեաց զխաւշտաշն Պեկպարս սուլտանին, որ էր անուն նորա Սնղուրաշխարհ, եւ խանն շնորհեաց նմա եթէ գտանիցէ, եւ թագաւորն հանեալ ի խնդիր Սնղուրաշխարհին եւ ոչ գտանէին զնա: Եւ դարձաւ թագաւորն տրտմութեամբ եւ եկն յաշխարհն իւր, եւ առաքեաց առ սուլտանն եթէ ոչ գտի. եւ սուլտանն մռմռեալ ասէր, եթէ զնա ոչ բերցէ՝ զորդի նորա ոչ ազատեցից:

Իսկ ի թուին ՉԺԷ խորհեցաւ թագաւորն Հեթում հանդերձ հարազատաւքն, եւ դարձեալ առաքեցին զորդի սպարապետին զԼեւոն զաստուածասէր իշխանն առ խանն Ապաղա զի կրկին խնդրեսցէ զխնդրելին Սնղուրաշխարհ: Եւ յորժամ եհաս Լեւոն առ խանն եւ խնդրեաց շրջել ընդ բանակն ի հեռաւորսն եւ առ տեղեաւն թէ գտանիցի Սնղուրն, եւ հրամայեաց խանն, եւ եդ ի զաւրաց իւրոց ընդ նմա,եւ ելեալ գտին զնա, եւ գոհութեամբ առեալ դարձան յերկիրն Կիլիկոյ եւ եկին ի մայրաքաղաքն Սիս, եւ առաքեցին աւետաւորս առ սուլտանն թէ գտաք զխնդրելին քո.

Now when Lewon, baron of the Armenians, fell into his hands, [Baybars, knowing] that King Het'um was an advisor and friend of Abagha-Khan, thought to find out whether his benevolent comrade was still alive, and if so, [he wanted Het'um] to produce him. So the sultan said to those who had come to him: "Tell the king that if he can free my comrade from the Nation of Archers and bring him to me, I will release his son, Lewon." As soon as the king heard this, he began to prepare gifts to take East for making this request to Abagha Khan.

119. In the year 716 A.E. [1267], King Het'um went East to Abagha-Khan and requested the comrade of Sultan Baybars, whose name was Sunqur al-Ashqar. The khan granted this, if [the captive] could be found. So the king inquired about Sunqur al-Ashqar, but they did not find him. The king sadly returned to his own land. He sent to the sultan saying that he had not found him. Growling, the sultan said: "if you do not bring him to me, I will not free your son."

Now in 717 A.E. [1268] King Het'um consulted with his brothers and again they sent the sparapet's son Lewon, a God-fearing prince, to Abagha-Khan to request Sunqur al-Ashqar a second time. When Lewon reached the khan and made the request again, [he asked] that they search through the army far and near to find Sunqur al-Ashqar. So ordered the khan and they took [Lewon] along with them in their troops. And they found him. Then they gratefully returned to the country of Cilicia, arriving at the capital of Sis. They sent bearers of glad tidings to the sultan, informing him that they had found the one who had been requested.

Եւ սուլտանն շարժեալ ամենայն զաւրաւք ի վերայ քաղաքին Տրապաւլսոյ եւ անդ բազում նեղութիւնս էած քաղաքին, եւ անտի առեալ զզաւրս իւր եւ զԵ աւուր ճանապարհ, ընդ տիւ եւ գիշեր մի փոխարկեաց եւ եկեալ յանկարծակի ի վերայ հռչակաւոր քաղաքին Անտիոքայ, եւ յաւուրս Դ էառ զնա յաւուր շաբաթու ի Ջ մայիս ամսոյն: Եւ ոչ ոք կարէ պատմել զբազմութիւն կոտորածին որ ի նմա եղեւ, եւ ոչ զբազմութիւն գերելոցն եւ զգանձուցն զոր առեալ տարան յԵգիպտոս: Բայց ի Հայ սակաւք կոտորեցան անդ, վասն զի արձակեաց զնոսա սուլտանն գալ յերկիրն Կիլիկիոյ, զոր յայնմ գաւառէ անդ գտաւ: Նոյնպէս եւ զսպարապետն Անտիոքայ ազատեաց զարմիւն իւրով գալ յերկիրն Կիւլիկիոյ, որ եւ ասէին թէ թելադրութեամբ նորա նորա մատնեցաւ քաղաքն ի ձեռս սուլտանին, զոր Տէր միայն գիտէ զճշմարիտն: Եւ իբրեւ դարձաւ սուլտանն յԱնտիոք առ ի գնալ յԵգիպտոս՝ առաքեաց առ թագաւորն Հեթում յղել պանդանտ որդւոյ իւրոյ Լեւոնի, զի արձակեսցէ զնա, եւ յորժամ տեսցէ զորդին իւր՝ ապա առաքեսցէ առ նա զընկ երակիցն իւր Սնղուրաշխարհ. եւ թագաւորն արար վաղվաղակի: Եւ առաքեցին պանդանտ զԱւշին քեռորդի արքային Հեթմոյ, եւ զորդի եղբաւր նորա Հեթմոյ զՌոեմունդ, եւ զորդի Կոստանդեայ թագաւորահաւրն զՎասակ տէր Ճանճոյն:

Then the sultan went on the move with all his troops to the city of Tripoli where he inflicted numerous difficulties on that city. Thence he took his troops on a five-day journey, day and night until they unexpectedly came out against the renowned city of Antioch. He took [the city] in four days, on a Saturday, the sixth of May. No one can relate the multitude of the slain there, nor the multitude of captives, nor the treasures which were gathered up and taken to Egypt. However only a few [individuals] of Armenian nationality were killed there, since the sultan released those he found there to go to the country of Cilicia. Similarly, the sparapet of Antioch was freed with his flock to come to the country of Cilicia. And some say that it was at his dictate that the city was betrayed into the hand of the sultan. Only God knows the truth of this matter. When the sultan had returned to Antioch to return to Egypt, he sent to King Het'um to send hostages for his son, Lewon, so that he be released, and that when [Het'um] would see his son, he should send [Baybars'] comrade, Sunqur al-Ashqar. The king immediately did so. He sent as a hostage O'shin, his own sister's son, the son of his brother Het'um, Raymond, and the son of Kostandin, the king's father, Vasak, lord of Chancho.

Եւ յորժամ հասին առ սուլտանն, պարոնն Հայոց Լեւոն ազատեալ եկն յաշխարհն Կիլիկիոյ բազում ընծայիւք. եւ շարժեցաւ տունն Հայոց ընդ առաջ նորա ցնծալով, եւ ապա առեալ զՄնդուրաշխարհն՝ Լեւոն իշխանն որդի Սմբատայ սպարապետի եւ տարաւ առ սուլտանն, զոր տեսեալ սուլտանին ուրախացաւ ուրախութիւն մեծ, եւ բազում տուրս շնորհեաց իշխանին Լեւոնի, եւ դարձան պանդանտքն բազում պարգեւաւք: Ի սոյն ամի թագաւորն Հեթում արար ժողով առաջնորդաց եւ վարդապետաց, եւ պատուաւոր արանց յարեւելից մինչեւ ցԿիլիկիա, ի մայրաքաղաքն Սսիս, եւ հրամայեաց թագաւորն ընտրել զարժանաւորն աոնուլ զաթոռ հայրապետութեան. եւ բազում աղաւթիւք եւ խնդրուածովք ընտրութեամբ թագաւորին եւ ամենայն ժողովոյն ձեռնադրեցին զարժանաւոր վարդապետն Յակոբ, կաթողիկոս Հայոց ի սուրբն Սարգիս, ի փետրուար ամսոյ ԺԲ: Բայց պարոնն Հայոց Լեւոն դեռեւս ընդ ծառայութեամբ Եգիպտացւոցն էր եւ ի սոյն ամի ազատեցաւ յամսեանն յունիսի:

When they reached the sultan, Lewon, *paron* of the Armenians, was freed and came to the land of Cilicia with many gifts, where the entire Armenian nation came before him in delight. At the same time Prince Lewon, son of Smbat sparapet, took Sunqur al-Ashqar and delivered him to the sultan who rejoiced exceedingly at the sight of him. He gave many gifts to Prince Lewon and the hostages returned with many favors. In the same year King Het'um convened an assembly of leaders and vardapets and renowned men from the East and Cilicia in the capital of Sis. And the king ordered them to elect a worthy [individual] to occupy the patriarchal throne. With many prayers and with the king's request and with [the consent of] the entire assembly, they ordained the worthy vardapet, Yakob, as Catholicos of the Armenians,[33] in the [church of] Saint Sargis, on the 12th of the month of February. At that time Lewon, baron of the Armenians, was still in captivity among the Egyptians, as he was not freed until the month of June.

33 Hakob I Klayets'i, 1268-1286.

120. Ի թուին ՉԺԸ եղեւ շարժ սաստիկ եւ յաշխարհին Կիլիկիա ի տեղիս տեղիս բազում շէնս յաւեր դարձոյց, եւս առաւել առ լերամբն որ Սեաւ կոչի. եւ զանառիկ դղեակն Սարվանդաւ յաւեր դարձոյց, եւ զբնակիչսն առ հասարակ մահացոյց եւ ի սուրբ ուխտն Արքակաղնին քահանայսս եւ կրաւնաւորսս վախճանեցան ի տանցն ընկղմելոց, եւ ընդ լեռնակողմն ընդ այն բազում շէնս եւ զբերդն Դեղնքարն, եւ այլ բազում տեղիս խարխալեալ հերձեաց:

Ի սոյն ամի պարոնն Հայոց Լեւոն, գնաց յարեւելս առ խանն Ապաղա, եւ նա ընկալաւ զնա մեծարանաւք, եւ բազում պարգեւաւք դարձոյց յաշխարհն իւր Կիլիկիա: Յայսմ ամի որդի սպարապետին Հայոց Հեթում փոխեցաւ ի կենցաղոյս ի յուլիս ամսոյ ԺԵ-ն եւ թաղեցաւ ի սուրբ ուխտն Մլիճի: Եւ դարձեալ ի սոյն ամի ի սեպտեմբեր ամսոյ ԻԹ-ն հանգեաւ ի Քրիստոս միւս այլ որդին Սմբատայ սպարապետին՝ Վասիլ, ի Տարսոն, եւ թաղեցաւ ի սուրբ ուխտն Մլիճի, որում ողորմեսցի Տէր: Ի սոյն ամի յամսեանն հոկտեմբերի որ աւր ԻԹ էր, յԳ-շաբթի ի մտանել արեգականն, թագաւորն Հայոց Հեթում փոխեցաւ ի կենցաղոյս, եւ յաւելաւ առ հարս իւր առ ստորոտով Բարձրբերդոյ ի գեաւղն որ կոչի Ակներ, եւ բարձեալ տարան զնա ի սուրբ ուխտն Դրազարկն, եւ անդ թաղեցին առ դամբարան սուրբ հայրապետին Գրիգորի [...] որ եւ ի ժամ վախճանին բարիոք խոստովանութեամբ կրաւնաւորեցաւ եւ անուանեցաւ Մակար:

120. In the year 718 A.E. [1269] a severe earthquake occurred in the land of Cilicia and many structures in many places were transformed into ruins. This was even more devastating around Black Mountain; and the impregnable fortress of Sarvandaw became a ruin with its inhabitants dying in the blessed congregation of Ark'akaghin and priests and clerics dying under the collapsed houses. On that stretch of the mountain flank, many buildings and the fortress of Deznk'ar and many other places were completely demolished.

In the same year the baron of the Armenians, Lewon, went East to Abagha-Khan. The latter received him with honors and returned him to his own land of Cilicia with many gifts. In that year Het'um, the son of the sparapet of the Armenians, passed away on the 15th of July and was buried in the blessed congregation of Mlich. And in the same year on the 29th day of September, Vasil, the other son of Smbat sparapet, reposed in Christ in Tarsus. He was buried in the blessed congregation of Mlich. May the Lord have mercy on him. In the same year on Tuesday, the 29th of October, as the sun was setting, Het'um, king of the Armenians, quit this life and was gathered by his fathers at the foot of Bardzrberd at the village called Akner. They took [his body] to the blessed congregation of Drazark and buried it by the tomb of the blessed patriarch Grigori [...][34] who died with a goodly confession and had [previously] become a cleric named Makar.

34 There is a lacuna in the original text here.

Իսկ ի թուին ՉԻ յամսեանն յունուարի Զ-ն, աւծին թագաւոր Հայոց զԼեւոն որդի թագաւորին Հեթմոյ, ի մայրաքաղաքն Տարսոն ի սուրբն Սոփի, եւ յամենայն ազգաց քրիստոնէից անդ հաւաքեալ կային առ ի տեսանել զարժանի տեսանելոյ ուրախութիւնն, որ եւ բազմաց մեծութիւն շնորհեցաւ յաւրն յայն, եւ բազումք ի կապանաց բանտից ազատեցան: Եւ յետ աւուրց ինչ յորժամ արձակեցաւ ժողովն, ինքն նորընծայ թագաւորն գնայր ի Սաւրիա առ ի տեսութիւն գաւառին, եւ դարձեալ գայր ուրախութեամբ ի տուն իւր: Ի սոյն ամի դարձեալ շարժեցաւ սուլտանն Եգիպտոսի, Պեկպարս Պնտուխտարն, առ ի մտանել յերկիրն Կիլիկիոյ: Եւ թագաւորն Լեւոն հրեշտակութիւն առաքեալ առ նա՝ դարձոյց յաշխարհն իւր յԵգիպտոս, եւ ինքն թագաւորն գնաց յարեւելս առ խանն Ապաղա, եւ խանն շնորհեաց նմա արս բիւրս Բ զի առեալ դարձցի յաշխարհն իւր առ ի պահպանութիւն նմա, եւ ապա զկնի ամսոց ինչ ինքն խանն եկեացէ. եւ թագաւորն Լեւոն առեալ սակաւս ի նոցանէ՝ դարձաւ յաշխարհն իւր: Ի սոյն ամի թագաւոր ոմն փռանգ Ըռէտուարտ անուն, եկն նաւաւք ԲՌ արամբք ի յԱքքա, անդ զտեղի առեալ մնայր այլ թագաւորաց ընկերակցաց իւրոց: Ի սոյն ամի յամսեանն հոկտեմբերի ծնաւ արու մանուկ թագաւորին Լեւոնի ի Մսիս քաղաք եւ ուրախացան ընդ ամենայն տեղիս տէրութեան նորա:

In the year 720 A.E. [1271] on the 6th of January, Lewon, son of King Het'um, was anointed king of the Armenians in the capital of Tarsus in the church of Saint Sophia. All the nations of Christians had gathered there to witness a sight worthy of joy. Many received wealth on that day and many were released from the confinement of prison. After a few days, when the assembly had dissolved, the newly-crowned king went to Isauria to see that district. Then he joyfully returned to his home. In the same year the sultan of Egypt, Baybars Bundukdari, moved to enter the country of Cilicia. King Lewon sent an embassy to him and he returned to his own land of Egypt, while the king went East to Abagha Khan. The khan granted 20,000 men for him to take back to his land for its protection. After a few months, the khan himself would arrive. King Lewon took a few of them and returned to his own land. In the same year a certain Frankish king, named Edouard[35] came by boat with 2,000 men to Acre where he encamped and remained with other kings who were his comrades. In the same year in the month of October, King Lewon became father to a male child in the city of Mamistra and there was joy in all parts of his realm.

---

35 *Edouard* I, d'Angleterre.

121. Ի թուին ՉԻԱ յաւր Մկրտութեան Տեառն, որ էր յունուարի ամսոյ Զ եղեւ ուրախութիւն ի մայրաքաղաքն Սիս, եւ ի նոյն աւուր եկն ձիւն առ հասարակ յաշխարհն Կիլիկոյ մինչեւ առ ափն ծովուն ովկիանոսի։ Ի սոյն ամի եւ ամսեան հանգեաւ ի Քրիստոս սուրբ վարդապետն Կիւրակոս, որում ողորմեսցի Տէր։ Ի սոյն ամի ի հարձից արքային Հեթմոյ Մարիա անուն, յԻսմայելացւոցն սեռէ, յարեալ ինքն զոմանս ի նոյն սեռէ, եւ եղեալ խորհուրդ ընդ նոսա զի մահացու դեղաւք սպանցեն զարքայն Լեւոն, եւ մնային դիպող ժամու, եւ ի նախախնամութենէն Աստուծոյ ի ձեռն մետասանամեայ մանկան յայտնեցաւ չար գործն կնոջն, եւ ապրեցաւ արքայն. եւ ոչ արար արքայ նոցա չար ըստ արժանեաց իւրեանց, այլ խնամով։

Ի սոյն ամի թագաւորն Լեւոն հրամայեաց շինել ամրոց առ լերամբն Տաւրոսի, հանդէպ քաջայաղթ զաւրավարին Անդրէի պահարանիցն, կիսաւրեայ ճանապարհաւ հեռի, ի պահպանութիւն այնմ գաւառին եւ հոչակաւոր ճանապարհին Խոզ ձորոյ։ Որ եւ ի նոյն ամի յոր սկսաւ, կատարեաց զնա, եւ անուանեաց զնա Կատարեաց։

121. In the year 721 A.E. [1272] on the day of the baptism of the lord, which was January 6th, there was great joy in the capital, Sis, and on the same day snow fell generally all over the land of Cilicia right up to the shore of the Ocean Sea. In the same month and year, the blessed vardapet Kiwrakos[36] died. May the Lord have mercy on him. In the same year, Maria, one of King Het'um's concubines, a Muslim, attracted others of the same faith and they planned among them to kill King Lewon with a fatal poison. They were just waiting for the appropriate moment. But by the providence of God, the woman's evil work was revealed by an eleven-year-old boy, and the king survived. The king did not deal with them according to what they deserved, but with compassion.

In the same year King Lewon commanded that a fortress be built at the foot of the Taurus Mountains, across from the tomb of the valiant general Andreas, a half day's journey distant from it, to protect that district and its renowned road of Xoz dzor. This was completed in the same year it was begun, and was named Katareats'.

36 *Kiwrakos* of Gandzak.

Ի սոյն ամի մկրտեցին զորդի արքային ի մայրաքաղաքն ի Սիս, եւ ընկալաւ զնա յաւազանէն հայրապետն Ասորոց Իգնատիոս, եւ անուանեցաւ Թորոս, ըստ հաւրեղբաւրն իւրոյ անուան, որ սպանաւ յԵգիպտացւոցն ի մարտ պատերազմին: Ի սոյն ամի մի ոմն ի ծառայիցն Ըռէտուարտին, որ եկեալ էր յայսկոյս ծովուն եւ էր ի յԱքքա, յաւուր միում մտեալ առ թագաւորն զի նստեալ էր առանձին բարակ պատմուճանաւ, եւ հանեալ զամենեսեան արտաքս զսպասաւորսն, եւ ինքն մատուցեալ առ ունկն թագաւորին, որպէս թէ ծածուկ բան ինչ ունի ասել, եւ հանեալ զդանակն եհար ի վերայ կրծից արքային, եւ թագաւորն ընդոստեաւ եւ զձեռն աջոյ ընդդէմ սրոյն տարեալ, եւ նա կրկնեալ զսուրն եւ եհար <...>.

In the same year the king's son was baptized in the city of Sis, with the Syrian patriarch Ignatios taking [the baby] out of the font. He was named T'oros, after his father's brother who was slain in battle by the Egyptians. One day in the same year, one of the servants of Edouard, who had come over the sea and was in Acre, came to the king who was sitting alone [dressed] in a thin garment. He removed all the servants [from the king's presence] and approached the king's ear as though to tell him some secret. Then he pulled out a knife and struck the king in the breast. The king recoiled and moved his right hand close to his sword, then drew out the sword and struck […].[37]

37 There is a lacuna in the original text here.

INDEX

INDEX